ちくま文庫

談志　最後の根多帳

立川談志

筑摩書房

目次

第二章　直した落語、作った落語　五十音順

第三章 〝演らない〟にも訳がある 五十音順

第二部　談志の落語　最近版

談志　最後の根多帳

口絵写真撮影
橘　蓮二

資料・音源提供
草柳俊一
談志役場

まえがき

　落語には、名作と呼ばれているものがある。演者と深く結びつき、「十八番」などと称されるものであり、曰《いわ》ク、文楽《ぶんらく》の『寝床《ねどこ》』『明烏《あけがらす》』、三木助《みきすけ》の『へっつい幽霊《ゆうれい》』『蛇眼草《じやがんそう》』『味噌蔵《みそぐら》』『宿屋《やどや》の仇討《あだう》ち』等々。それらを私は、昔のままに、忠実に演《や》ってきた。

　一方で、よくできた古典落語ではあるけれども、その内容、落《さ》げ等々、疑問を感じるものが多々あり、それらは改作を重ねてきた。例を挙げれば、『大工調《だいくしら》べ』であり、『三方一両損《さんぽういちりようぞん》』であり、『芝浜《しばはま》』である。さらに談志《わたし》には、短い小噺《こばなし》等々から作りあげた、自作と称《い》ってもいい『金玉医者《きんたまいしや》』『二人旅《ににんたび》』『やかん』等々がある。

　思い返せば二十代の頃から、そういう三種類の方法で落語を追求してきた。結果、根多《ねた》は増え続けて、二百くらいか。

　けど、やがて、その作り替えた落語にさえも飽きてしまって、談志の分身とでもいうか、落語の中の登場人物が勝手に噺《はなし》から飛び出してきてしまったという、この事実。

それが、最近の高座での『芝浜』の〝女房〟であり、『鉄拐《てつかい》』の〝鉄拐〟ということった。

で、これまた、その事実に呆《あき》れ返ってしまった立川談志。そこまで行ってしまったら、落語の追求もこれまでか……とネ。

談志が追求してきた三種類の落語のうち、改作したもの、自作したもののなかから完成版に近いというか、最近高座にかけた何本かを選んで載せ、そこへ私の能書きを加えたものが「談志最後の三部作」の二作目となった。

常識に飽き、非常識に憧《あこが》れ、そこからも抜けた、『芝浜』『鉄拐』『二人旅』等々。談志《わたし》ほど落語に深く興味を持った者は、過去一人も居るまい。それを示した一つが、この「芸論」でもある。

立川談志《たてかわだんし》

第一部
談志の根多論

第一章　直さずにはいられない

百を超えるぐらいがちょうどいい

国立演芸場で「談志ひとり会」を毎月やっていたときは、嫌《いや》でも新しい落語を演《や》らなければならなかった。この場合、〝新しい落語〟とは、改作（新解釈で落《さ》げや内容の一部を作り替えた落語）か、自作（創作《こしら》えた落語）を指す。

一回につき三席で、一つは漫談のようなもの、二席が落語であった。その二席のうち一席は必ず、いや、できれば二席とも〝新しい落語〟を演ることを己《おのれ》に課していた。もと〳〵ネタは多かったが、この時期にぐっと増えた。

落語家にとってのネタは、〝多いほうがいい〟という暗黙の了解というか、雰囲気がある。〝少ないほうがいいんだ、バカヤロウ〟と主張する奴《やつ》はいないだろう。

〝文楽《ぶんらく》師匠もいいけどネタが少なくってねえ〟という評価はあるが、〝円生《えんしょう》はネタが多いばかりでよろしくない〟とは言わない。どのネタも上手《うま》くて、文句のつけようがない。ネタが多くて上手くて、音曲《おんぎょく》が唄《うた》えて、文句あんめえ、てなもんだ。

歌奴《うたやっこ》、現在《いま》の円歌《えんか》のように、『中沢家《なかざわけ》の人々』や『授業中《じゅぎょうちゅう》』で当たり、それで一生食ってこられた者もいる。川柳《せんりゅう》という奴は、『ガーコン人生』と称する漫談のようなものを二つ目頃から始めて、それをずっと演ってきている。

そうかと思えば、やたらネタを増やす落語家もいる。けど、結果、〝文楽の『明烏《あけがらす》』〟のような、遺《のこ》る作品もなく、誰《だれ》にも影響を与えないケースがある。強《し》いて功績をいえば、現代では誰も演らないような珍しいネタを掘り起こした、ということはあるが。

ネタの数が少なくても、粋《いき》がっていればやっていける。で、売れていれば、排除しないのが落語界である。この世界には〝おとなしい奴は駄目《だめ》だ〟という部分がある。ネタが少なくても、胸ェ張って「江戸の風」を吹かせていれば、やっていける。

おっと、「江戸の風」ときたネ。これについては前に出した『談志 最後の落語論』にも書いた。江戸時代の匂《にお》い、江戸っ子の了見《りょうけん》、寄席の雰囲気。これらがあわさって、江戸の風となる。

現存の落語家で江戸の風を感じるのは、文楽（九代目）、円蔵《えんぞう》、五街道雲助《ごかいどうくもすけ》あたりであろうか。

ついでに言うと、では、寄席を知らない立川流の弟子の落語には、江戸の風が吹かないかといえば、そんなことはない。師匠である立川談志から受け継げばいい。

話を戻す。

ネタの数はある程度はなければならない。けども、増やせばいいってものではない。百を超えるあたりがちょうどいい。

落語が好きでいろ〳〵な噺《はなし》に興味を持てば、すぐにこのくらいになる、というのが一つ。また、このくらいの数があれば、自分流に作り替えようと思う噺が出てくる。それが楽しみになって、またネタが増えていくという塩梅《あんばい》だ。

そういや、馬生《ばしよう》師匠（十代目）のネタ帳を見たことがあるが、何でも演っていた。ネタの多い落語家でありました。

楽屋のネタ帳とネタの数

寄席の楽屋にはネタ帳がある。落語に詳しくない人のために書いとくと（そんな奴《やつ》がこの本を読むのかね。まあ、いいｌ）、その日の演者とその出し物《ネタ》を記しておいて、あとから上がる演者がそれを見る。つまり、演目がダブらないようにするためのものだ。墨と筆でネタ帳を書くのは前座の仕事であった。勿論《もちろん》、若き日の談志も書いた。そのおかげで、筆が使えるようになったという有り難《ありがた》みを感じている。

言うまでもなく、字の上手《うま》い奴と下手《へた》な奴がいる。六十ちょい過ぎで死んじまった柳朝《りゅうちょう》は字も下手で、ページにうまく納まらない。あるとき、ネタ帳を見たら、その日の真打ちの名がない。「俺の名がないじゃないか」と言ったら、柳朝、その頃の前座の正太《しょうた》、ネタ帳をぎゅっと左右に開いて綴《と》じてある真ん中を見せて、

「師匠のはここに書いてありますよ」

「いい加減にしろ、この野郎」

で、落語の題名は、楽屋のネタ帳から生まれたのではないか。

つまり、ネタ帳に少しでも短く書くために、『妾の馬《めかけうま》』が『妾馬《めかうま》』となり、『お湯屋《ゆや》の番台《ばんだい》』が『湯屋番《ゆやばん》』となり、『狸の賽《たぬきさい》』で『狸賽《たぬさい》』とネ。

ついでに書いとくと、音曲《おんぎょく》の柳家三亀松《やなぎやみきまつ》は演目名ではなく「ご存知」と書かせていたし、色物《いろもの》の芸人たちに関しては、ネタ帳に書くのは名前だけだった。というのも、

いつも同じようなネタを演《や》っていて、書くほどのこたァなかったからだ。それを変えたのが、漫談の牧野周一《まきのしゅういち》である。牧野さんは、いろ〳〵なネタを持っていた。ネタが多いと、他の演者が何を演ったかを参考にして、その日のネタを選ぶことができる。その牧野さんに見せるために、色物についてもネタ帳に演目を記すようになったと聞いた。

といっても、落語のように、明確な題名がついているわけではないから、曰《いわ》ク、『駅名物語』だとか、『ジンクスについて』だとか。で、『無声映画時代の回顧録』なんという長いものは『無声時代』と書いたりしていた。

〝ネタ帳は、どうしてるんですか〟と席亭《せきてい》に聞いたら、〝捨ててしまう〟というので、新宿末広亭《しんじゆくすえひろてい》からもらってきたり、東宝演芸場《とうほうえんげいじよう》から盗んだり、ま、いろ〳〵な手段を講じて手に入れた。そのおかげで、いまも〝残っている〟という現実がある。

そういや、寄席ではこんなエピソードもあったっけ。私がまだ前座の頃、ネタが四つか五つしかない噺家《はなしか》がいた。で、芸人のいたずら。〝あいつのネタを全部演っちまおう〟ってンで、その噺家が楽屋入りする前に、こいつのネタを全部演ってしまった。

楽屋入りしてその日のネタ帳を見たその御仁《ごじん》、高座に上がらずに帰っちまったとサ。

私の場合は、若いころから、寄席の十日間の興行で〝のべつ同じようなネタを演るのはみっともない〟という思いがあった。だから無理にでも、ネタ帳の帳面づらだけでも替えようとしたっけ。結果、面白くもなんともない『棒屋《ぼうや》』なんぞを演ることもあり、結果、増えていった、ということもある。

と、話はここへ戻る。

受けないネタも覚える価値はある

『棒屋《ぼうや》』なんという噺《はなし》、知ってるかい？　もとは上方《かみがた》の噺で、東京では『提灯屋《ちょうちんや》』と直して演《や》る場合もあったらしいが、現代《いま》の落語家で、演る奴《やっ》はいるのかね。小《こ》さん師匠の『棒屋』も見たことがない。

昔、棒を売っている店があったらしい。

「棒はあるか」「ございます」

「貧乏はあるか」「ございます」

「ある？　どれ」

「これでございます。柿《かき》の種を砕《くだ》きましてね、それを粉にしてつくった棒です。〝悋《しわ》ん坊《ぼう》の柿の種〟と言いますからね」

客が無理難題を言い、それが通るという噺だが、面白くもなんともない。現在《いま》の談志なら、もっと面白く作り込めるだろうがネ。

当時のネタ帳をみると、そういうものまで私が演っていたことを思い出す。感慨がありますなァ。

私は子供のころからそそっかしくて、〝この、おっちょこちょい！〟と母親からよく怒られたものだ。〝何も考えずに行動してしまう〟というやつだ。けど、ネタを覚えるうえでは、これがよかった。よく言えば、〝好奇心が旺盛〟となる。

小さん師匠に言われたわけでもないし、誰《だれ》からアドバイスされたわけでもない。けど、いろいろなネタを覚えたくて、片っぱしから落語全集を読んだり、いろ〳〵な師匠のところへ稽古《けいこ》に行ったりした。

何が言いたいのかというと、人間というものは、アドバイスをされても、やらない奴はやらないし、仮にやったとしても、肝心《かんじん》な部分を外すのがオチであろう。〝おっ、やってるね。アドバイスした甲斐《かい》があった〟と思ってよく見れば、とんでもない勘違いでやっていたりする。逆に、放《ほ》っといてもやる奴はやる、ということだ。

ただネ、いくら好奇心が強いガキだったとはいえ、教わっていながらどうしても演る気になれないネタもあった。『代脈《だいみやく》』という落語を現代に置き換えて『代診《だいしん》』、つまり「代理の往診」だ。これは、変に新しい感覚を入れているところが嫌《いや》だった。円遊という人の持ちネタで、私は直接この師匠から教わった。本気で演ろうとは思っていなかったが、〃できない〃と思われるのも悔しいから、ちょっとだけ演ってみたりしたネ。そんな若き頃の思い出がある。

結論を言えば、面白くない噺、受けない噺も、覚えないよりは覚えたほうがよい。何かと役に立つ。

例えば、私は一時《いっとき》、〃何を見てもつまらない〃という状況だった。〃つまらない、つまらない〃が口癖となっていたが、あるとき、ふっと思った。〃この口癖は、『二人《に》《にん》癖《ぐせ》』（『のめる』ともいう）という落語に使えるなあ〃とネ。

また、最近の私は医者と病気に囲まれて生きている。病気のことを考えていて、〃おっ、この感じはあの噺に使える〃、医者と話していて、〃この医者の話は、この噺に使える〃なんぞと思いつくのである。

日頃《ひごろ》から弟子に、〃受けなくてもいいから覚えておけ〃と言っているが、それは、こういう広がりがあるからだ。ネタが多ければ、日常の体験を投影させる噺の選択肢が増えてくる。そうすれば、落語が深くなって、どん〳〵面白くなる。

そういや、『はなむけ』という噺があった。現在《いま》は演り手がいなくなったが、早くに死んじまった朝之助《ちょうのすけ》という私の兄弟分が、よく演っていた。

弟が旅へ出かける。で、しみったれな兄貴ンとこへ餞別《せんべつ》をもらいに行くが、どう話を持ってっても乗ってこない。悔しくてしょうがないな。

〝じゃあ行ってくるわ〟っつって、一発、〝ブウーッ〟とおならをして行っちゃう。

で、

「旅立ちにおなら一つを置き土産」

と、それを受けて兄貴が、

「あまりの臭さに鼻向けもせず」

あまりにもばか〳〵しい。

ま、小噺《こばなし》である。その種の小噺、中噺《ちゆうばなし》で、演り手がいなくて消えてしまったものがたくさんある。そうなると、作り替えて演ってみたくなるのだが、人生は短い。もう、立川談志、そこまで手が回らない。

寄席で鍛えられた伸縮の技

〝おあとがよろしいようで〟と噺家《はなしか》は最後に言うが、これは文字通りの状況を語ったセリフである。昔は落語を喋《しゃべ》っているあいだに、〝おあと〟は居ない。だから高座で羽織を脱いで、放ったりするわけだ。

落語通には〝何を今さら〟ではあるが、知らない落語ファンや若い噺家が増えているようだから、一応、説明を入れておく。

〝おあと〟は、多くは真打ち、売れっ子である。もし、〝おあと〟がよろしい(次に上がる師匠連《ししょうれん》の準備ができている)のに、前に上がっている前座や二つ目がすぐに降りないと、席亭《せきてい》が怒る。売れっ子は次の高座が入っているから、いつまでも待たない。高座に上がらずに帰ってしまうこともあるからだ。

で、若い噺家が次に上がる売れっ子に上手につなげるには、例えば『道灌《どうかん》』を一時間引っ張れる一方で、十分で終えることもできなければならない。いざというときのために、五分で降りられる噺も用意しておく必要がある。

それを我々は俗に、「逃《に》げ噺《ばなし》」と称《い》う。

〝本格〟を伸縮自在に演れる技《わざ》を持つと同時に、「逃げ噺」も用意しておかなければならないということだった。

「逃げ噺」というと、『義眼《ぎがん》』『勘定板《かんじょういた》』あたりが代表的なところだろう。おっと、『味噌豆《みそまめ》』という小噺もある。

味噌豆が煮えているかどうかを見るよう言われた小僧、つまみぐいをしているところを旦那《だんな》に見られる。

「〝食べろ〟って言ってるんじゃない。〝見ろ〟ってンだ、バカヤロウ」

小僧がいないときに、旦那も食べて、〝なるほど、美味《うま》いや〟。

小僧に見つからない場所はないかと探し、〝あった〳〵、便所々々《はばかり》。ここなら誰《だれ》も入ってこない〟ってンで、中に入って、

〝美味いけど臭いね。ウマクサの観音様《かんのんさま》〟なんという洒落《しゃれ》があって、小僧のほうも旦那がいないからってンで食べる。〝便所なら旦那に見つからないだろう〟ってンで、便所へ行ってコン〳〵と扉を叩《たた》く。

と、旦那が中で豆ェ食ってる。

「何しに来たんだ」

「おかわり持ってきました」

そこでバーンと受けて降りてくる。

これらに対して、一時間以上も引っ張れて、短くもできる『三人旅《さんにんたび》』のような本格もある。

ちなみに家元、『芝浜《しばはま》』だろうが何だろうが、短くできる。

冗談に、〝短く演ろうと思ったら、わけねえんだよ〟と、

「お前、何が怖い？」

「俺は饅頭《まんじゆう》が怖い」

「これが饅頭だ」

「ああ、怖い〳〵」

「〝怖い〟と言う饅頭を食う奴《やつ》があるか。本当は、何が怖いんだ」

「お茶が怖い」

これでお終《しま》いだ。わけない。

〝同んなじものは演らない〟という良心

落語家になる。落語を演《や》りたいから落語家になるんだろうけども、なりたてに覚えた落語をずっと演っている人があまりにも多い。

勿論《もちろん》、まったく同じに演っているのではないだろう。己《おのれ》の呼吸、生理と合わない部

分をちょいと直して演っている連中はいる。けど、せい〳〵その程度のものだ。噺《はなし》を〝直す〟ことに挑戦しているわけではない。

なかには、そっくりそのまま何十年も演っている噺家《はなしか》もいる。演っていて矛盾《むじゅん》を感じないのだろうか。そんなふうに演っていて、仕事として面白いのだろうか。逆に、凄《すご》いもんだなァと思うネ。

落語だってピンからキリまであって、秀作もありゃァ、部分的な秀作もある。全体的にはいいが、〝どうもこの部分が面白くない、無理がある〟という落語もある。いろ〳〵な形において不満を感じるのが、ナニ、落語ばかりに非《あら》ズで、嫌《いや》な言い方になるが、〝芸術家の態度〟というものだろう。

ま、別の見方をすれば、俺がやり過ぎるのかもしれないがネ。

よくできた古典落語は、ほとんどそのままで演っている。一例を挙げれば『明烏《あけがらす》』であり、これは文楽《ぶんらく》師匠の『明烏』が染《し》みついている。これはそのまま、とっておきたい形である。

全体としては面白く、部分的に変えればもっと面白くなると思ったものについては、違和感のある部分や落《さ》げを直した。『死神《しにがみ》』『笠碁《かさご》』『代《か》わり目《め》』『黄金餅《こがねもち》』『岸流島《がんりゅうじま》』

『三方一両損《さんぽういちりようぞん》』『大工調《だいくしら》べ』などがこれにあたる。

内容自体を直した落語は、ずいぶんとある。曰《いわ》ク、『やかん』『二人旅《ににんたび》』『松曳《まつひ》き』『居残《いのこ》り佐平次《さへいじ》』。

談志《わたし》が作りあげたと言ってもいい落語もある。異論はあろうが、『お化《ば》け長屋《ながや》』『孝行糖《こうとう》』『代書屋《だいしよや》』『万病円《まんびようえん》』『千早振《ちはやふ》る』『金玉医者《きんたまいしや》』『やかん』等々。そして、『粗忽長屋《そこつながや》』を『主観長屋《しゆかんながや》』に替え、数行の噺から『鉄拐《てつかい》』を作りあげた。

結構凝ったなあ。俺しかできないんだもの。『黄金餅』はできても、『金玉医者』はできない。『持参金《じさんきん》』等は、大阪で米朝《べいちよう》さんから習ってきて、東京へ広めた。

何度も〳〵直す落語もある。それは、つまりネ、〝同《お》んなじことをやり続けない〟ってのは、落語に対しての良心というか、自分に対して収まりがつかないからだ。これを「芸術的良心」とも称《い》う。人に言わせれば、〝キザだよォ、おい〟であろうが、こっちから言わせれば、〝人間、キザでもいいやなァ〟である。

それから、講釈ダネが結構ある。『小猿七之助《こざるしちのすけ》』『慶安太平記《けいあんたいへいき》』『箱根山《はこねやま》』『三島《みしま》の宿《しゆく》』『皿廻《さらまわ》し』等々。

付け加えておくと、人情噺《にんじようばなし》で直したのは、大きなネタとしては、『紺屋高尾《こんやたかお》』と

『芝浜《しばはま》』ぐらいか。人情噺は、好きじゃないのでネ。

これらをどう直したか、については、後のほうでまとめて書く。過去の本に書いた内容と一部ダブるであろうが、人生の処理というか整理として、改めてまとめてみることとする。

反発心とエロ

「艶笑噺《えんしようばなし》」というジャンルがある。簡単に言ってしまえば、エロが含まれた落語である。

姦通《かんつう》だとか、廓《くるわ》だとか、間男《まおとこ》だとか、そういう最も人間的な行為を語った落語を、〝戦争に協力する〟という名の下《もと》に封印したという歴史が落語界にはある。

具体的にいやァ、『明烏《あけがらす》』『居残《いのこ》り佐平次《さへいじ》』『権助提灯《ごんすけぢようちん》』『庖丁《ほうちよう》』『よかちょろ』『紙入《かみい》れ』『疝気《せんき》の虫《むし》』『子別《こわか》れ』等々、五十三の落語のリストを紙に書いて、それを戦時中に寺に埋めたとサ。で、その場所は、「はなし塚」として現存している。

戦後になって、掘り出されて演《や》るようになったが、若き日の談志は、これでもかこれでもかとばかりに、さらにそこへとエロをぶち込んだ。

〝こんないい落語をなんで演らないいんだ〟なんという反発心からだった。

「いま帰《けえ》ったよ」

「何処《どこ》に泊まりやがった。お通夜で泊まり込みがあんのかい？」

「だから流れで、吉原《なか》のほうへ」

「そんなこったろうと思った。どんな女が来たの。どんな女とやりゃァがった」

いいねえ、こういう落語。これこそ、落語リアリズムである。

「酔っぱらってたから、俺、よく覚えてねえや」

「嘘ォつきやがれ。人並みに助平《すけべい》のくせしやがって」

〝酔うほどにしない馬鹿がと女房言い〟という川柳《せんりゅう》があるがネ。

「やだよ、上がってきちゃ。汚ないから。塩でよく揉んでから上がってこい」

一事が万事で、そういうエロを『風呂敷《ふろしき》』『権助提灯』『庖丁』等々に入れて演ったっけ。


面白くても〝それは落語ではない〟

私のネタには、新作落語はない。毎度いう、「古典落語でないと落語ではない」と考えている。けど、江戸の風を感じる落語家が演《や》ると、けっこうな作品に仕上がる場合がある。新作は、馬鹿《ばか》じゃ作れないからネ。

古くは、右女助《うめすけ》の小勝《こかつ》師匠の新作はけっこうでした。

米丸《よねまる》さんの若い頃の、現代のサラリーマンが登場する新作も、小気味《こきみ》よかったという記憶がある。

よく覚えているのが、こないだ……といっても何年経《た》ったのか、亡くなった柳昇《りゅうしょう》のネタで『ガード下』という新作があった。

ガード下に住んでいる奴《やつ》がいて、そこへ友だちが訪ねてくる。

天井から吊《つ》り革《かわ》がぶる下がってて、

「それにぶる下がってろ」

上をガタ〳〵ガタン、ガタ〳〵ガタンと電車が通る。

ガタ〳〵ガタン、ガタ〳〵ガタン。

「いまのは急行だ」

ガタンと止まる。

「臨時停車」

またガタンと止まる。

「また臨時停車？」「今のは故障」

高座を一回りして、「今のは山手線」。

……なんというバカ〳〵しい噺《はなし》で、

「便所に行きたくなった」

「行きたくなるのは当たり前だ。今通ったのは〝下り〟だ」

と、落《さ》げがまたクダラナイ。

柳昇には、『嘘《うそ》つき弥次郎《やじろう》』を改良した『南極探検《なんきょくたんけん》』なんという珍作もあった。

ペンギン鳥が飛んできて、

「ペンギン鳥が飛ぶかい」

「でも、あれは野生ですからね」

「野生だって飛ばない」

その頃はバカにしていたが、今思うと面白い。〝野生ですからね〟がいいのだ。

いま、現代版の『歌笑《かしょう》純情詩集』のようなものが出て、それが面白かったら聴くだろう。

あとは、アトランダムに行くよ。

志《し》の輔《すけ》の新作で、改札口を舞台にしたものがあって、脇《わき》で聴いていて面白いと思ったことがある。

時代は前後するが、金馬《きんば》師匠の『長屋《ながや》チーム』という新作も面白かった。

「ショートは、守備範囲の広い紙くず屋の虎《とら》さんです」

〝守備範囲〟ってのが面白い。

大阪の笑福亭松之助《しょうふくていまつのすけ》、いまや重鎮というか、貴重な存在だろうが、その頃は、〝まっちゃん〟と呼んでいた。

大きな声の人で、落語は大雑把《おおざっぱ》で味も素っ気もないが、純粋な上方弁《かみがたべん》の面白さがあった。

その〝まっちゃん〟のネタに、自動車の教習所に行く光景を描いた新作があった。

「〝さあ、教習所へ通おう〟と出かける、その道中の賑《にぎ》やかなこと……」

ここで、ジャジャーンと音がして、大阪流の囃子《はやし》が、ジャンジャカジャンジャンジャカジャン……と賑やかに入る。

〝その道中の賑やかなこと〟という部分が妙に面白かった。つまり大阪落語の旅ものの常套手段《じょうとうしゅだん》が新作に入れてあったバカ〳〵しさだ。

三枝《さんし》はあるとき開眼して、面白い新作の作り方を覚えてしまったのだろう。

動物園で、

「お父さん、これが馬か、これが牛、ほう……」

「お前、何をやっとんねん。動物園に連れてきたったんやから、ライオンとかトラとかゾウとか見たらええがな」

「そんなもん、いつもテレビで見てまんがな。牛や馬ちゅうのは見たことあらへん。これがほんまの牛かいな」

そういう目のつけどころがいい。落語リアリズムが入っている。

三枝は空《から》っ下手《ぺた》で「新婚さん、いらっしゃい」が精一杯な奴だと思っていたが、ナニ〳〵、ちゃんとしている。

けど、くどいが、私にとって〝新作は落語ではない〟。だから、〝面白い〟と思うことはあっても、何度も聴きたいとは思わない。

登場人物はすべて談志の分身

与太郎《よたろう》、権助《ごんすけ》、佐平次《さへいじ》、鉄拐《てつかい》、『芝浜《しばはま》』の女房、『洒落小町《しゃれこまち》』の松《まつ》ちゃん……と、登場人物のキャラクターは若い頃からあれやこれやと考えて、ずいぶんと作り込んできた。

権助は言う。

「そうだらことを言うでね。そういうことは、これ〳〵こういう本に書いてある」

「おや？　この野郎……」

けっこう理屈を持たせたりしてネ。

動物にも感情注入して、存在感を持たせてきた。

『幇間腹《たいこばら》』で、

若旦那《わかだんな》、独学で覚えた鍼《はり》を打ちたくてしょうがない。

畳の目に打ったり、枕《まくら》に打ったけど面白くない。

「何か、打つものはないかね」

「ニャァオォ」

「おお、猫がきた。こっち来い〳〵」

「ニャァオォ」

「こっち来い〳〵。喉《のど》のところがゴロ〳〵いってんな」

「ニャァオォ、ニャァオォ」

普通なら、ただニャオと鳴くだけだが、両手を開いて頬《ほお》のところに置いて猫の髭《ひげ》を表現する。私は、それが好きでネ。で、せっかく登場してくるのだから、もったいないから、猫のキャラクターをちゃんと出してやる。

だから、いま『反対車《はんたいぐるま》』を演《や》ったら、面白くできるだろう。養鶏場に突っ込むところなんぞ、もってこいの場面である。動物園もいい。動物のキャラクターをうまく出して演れる。

女性の場合は、私の女房がモデルになっている場合がけっこうある。けど、それよりも、女であろうが、男であろうが、年寄りであろうが、子供であろうが、また与太郎であろうが、猫であろうが、談志の落語に登場するキャラクターは全《すべ》て談志《わたし》の分身といえる。

だから、自分で作ったキャラクターでも、好きなときもありゃ、嫌いになるときもある。人間、好き嫌いは時とともに、また置かれている状況によって変わるものだろう。

で、嫌いになったら作り直す。そのいい例が、本来〝健気《けなげ》な女房〟を〝可愛《かわい》い女房〟にし、その後〝鉄火場の女房〟に替わった、『芝浜』の女房である。

手塚治虫《てづかおさむ》先生も、漫画の登場人物は、己《おのれ》の部分であると言っていた。私の場合も、似ている。私の中にもいろ〳〵あって、ある部分は与太郎であったり、権助であったり、ご隠居《いんきょ》であったり、『芝浜』の女房であったり、また、悪女の代名詞である妲妃《だっき》のお百《ひやく》であったりするのだ。

ふっと浮かんで一気に作り込む

登場人物のキャラクターやら、新しい落《さ》げやら、それらはふっと浮かぶ。電車に乗っているときであったり、眠る前の布団《ふとん》の中であったり。いったん浮かんでしまうと、そのことで頭がいっぱいになる。けど、メモはしない。

ふっと思い浮かんだアイデアがどん〳〵というか、自然に膨らんでいって、一気にネタを作り込んでしまう。

歩きながら、ふっと浮かんだら危ない。若い頃に、それで交通事故に遭《あ》った。道を歩きながら、頭の中で稽古《けいこ》をしていたネ。と、横断歩道に差しかかった若き俺様。

〝あっ〟と思った瞬間、クルマに当たってしまって、身体《からだ》が宙に浮いて、気づけばクルマの上に自分がいた。

以来、道では気をつけるようにしている。これ、ホント。

ついでに書いとくと、若い頃と現在《いま》では、稽古のやり方が違ってきた。若い頃は、昔から演《や》られてきた落語をそのまま覚える。つまり、古典落語のリフレインが主となる。それがやがて、〝この噺《はなし》は、ああしよう、こうしよう〟〝あの噺にこのギャグを入れよう〟……となり、演出の稽古になってくる。

現在《いま》に近い形でネタを作り込むようになってきたのは、三十代後半だろうか。江戸の古地図は好きでよく見た。その結果が『黄金餅《こがねもち》』の寺への道中となる。勉強ではない、趣味であろう。講談にしても浪花節《なにわぶし》にしても、俳句にしても川柳《せんりゅう》にしても、〝勉強〟という意識はない。好きだからやる。すなわち、趣味ということだ。

と書いてて、再確認した。落語家にそういう部分がなければ、「江戸の風」は吹かないであろう。

自我が噴き出す瞬間

私は、事前に演目を発表しない。ぎり〳〵までその日のネタを決めない。けど、アブストラクトには……〝アブストラクト〟ときやがったね、まあ、いい。戻すと、アブストラクトは、数日前から決めておく。〝今度の高座はこういう客だろうから、こういう噺《はなし》を演《や》ろう〟とネ。のべつ聴きに来ている客の前では、とにかく〝新しいネタ〟を演ろうとする。うるせえ奴《やつ》らなんだ、俺の客は。

で、ふだんの客とは違う場合は、いろ〳〵と考える。一例を挙げる。志《し》の輔《すけ》と二人会を演ったことがある。新橋演舞場《しんばしえんぶじよう》というところだ。そのチケットにはプレミアがついて、オークションで十何万円で売り買いされたと事前に聞いていた。これ、前の本でも書いたが、嬉《うれ》しくもなんともない。むしろ不快である。十万円以上も払って落語を観《み》に来ている客なんぞ、ロクなもんじゃァない。

で、当日だ。開口一番、

「オマンコォ！」

客席を見て、〝コノヤロウ、松竹の客だな〟と思ったら、私の自我が一気に噴き出してきたのだ。さらに叫んだネ。

「金正日万歳《キムジョンイルマンセイ》！」

客はシラけだした。そのあと、かなり演りにくかった。志の輔はもっと、演りにくかったと思うがネ。

ま、〝やり過ぎだ〟という言い方もできないことはないが、気持ちとしては、そう言わざるをえない状況であったことも確かだ。その〝気持ち〟とは、ひと口に言えば〝バカヤロウ！〟である。

毎度のことだが、話がそれた。ネタの話に戻す。

次から、私のネタについて、書いていく。まずは、作り替えたネタ、直した落語について書く。そのあと、「演らないネタ」とその理由について書くことにする。

何？　〝まずお前を直さなきゃいけねえ〟って？　なるほどォ。

第二章　直した落語、作った落語

談志《わたし》のネタには、大きく分けると三種類ある。

A　先人が作った形や内容を残して、ほとんどそのままで演じている落語
B　先人が作った形や内容の一部を直した落語
C　小噺《こばなし》や講談から作った落語

このうち、Bには、落《さ》げだけ直したものもあれば、内容や登場人物のキャラクターまで大きく直したものもある。なかにゃ、談志が創作《こしら》えたと言ってもいいほど直したものもある。

以下、Bの「直した落語」と、Cの「作った落語」について書く（五十音順）。何しろ俺様はネタが多いので、全部は書ききれない。頭に浮かんだネタだけ書くとする。〝よく覚えていない〟〝すぐに浮かばない〟ってことは、現在《いま》の談志にとって、大したものではないのだろう。

ちなみに私は、〝電話番号を忘れちまった〟〝約束に遅れて会えなかった〟なんという場合、よっぽどのことでなけりゃァ深追いはしない。〝縁がなかった〟ということでさァ。

毎度の如《ごと》く、過去に書いた本とダブる部分もある。最初に言っておく。

居残《いのこ》り佐平次《さへいじ》

これは、何度も作り替えている。どん〳〵変わってきている。最初は、忠実に演《や》っていたから、佐平次は肺病だった。けど、肺病であることはどうでもよくて、「行き当たりばったりの人生」こそ、この落語の面白さだと思うようになった。

で、最終的には、イリュージョンが入ってきた。あの、佐平次に言わせた談志流の変な言葉、〝エヘラポー〟に〝ニシラツー〟である。滅茶苦茶な、加藤芳郎《かとうよしろう》のナンセンス画のようでもあり、これを覚えてくれる弟子がいればいいが、今のところいない。難しいだろうなァ。

「裏ァ返されたら後《あと》が怖い」という落《さ》げは、山口敏範《やまぐちとしのり》さんというファンの方から教わった。

お化《ば》け長屋《ながや》

異論もあろうが、「自作」と称っていいほど作り込んでいる。従来の落げまで演《や》ると、面白くないから、「じゃあ、俺が代わりに住んでやる」という落げにした。金馬《きんば》師匠や円生《えんしょう》師匠の『お化け長屋』を聴《い》いて面白いと思い、〃演ってみよう〃。それが最初であった。

そのうちに、自我が出てきて、自分流の演出やジョークを入れ、あの形になった。この落語は一時、ずいぶん受けたっけ。

入れたジョークで、とくに面白いと己《おのれ》が思うのは、

「誰《だれ》かいるかい？　幽霊になってくれる奴《の》」

「そういや、金物屋《かなものや》の金《きん》さんが昔前座で寄席に出てたというから、あれに頼もうじゃないか」

「いまは、寄席に出てないの？」

「出てない。ちゃんと商売ができるようになったから、噺家《はなしか》なんぞ辞めちゃった」

「そりゃ、そうだな」

私の兄弟子《あにでし》の小《こ》せんが、あるとき、〃だいぶ金も貯《た》まったから、落語家を辞《よ》そうと思ってンだ〃と言った。父親も噺家を辞めて百面相《ひゃくめんそう》を演る芸人になった人である。

〝おい、おりゃあ、凄《すご》いねェ〟と驚いたが、そのフレーズが『お化け長屋』で生きている。

笠碁《かさご》

この噺《はなし》には、無理な部分があった。

碁《ご》仲間が〝待った〟をめぐって喧嘩《けんか》となるが、「さァこい〳〵、さァこい〳〵。お互いに喧嘩したってしょうがねえ」てンで、また碁盤に向かう。と、盤の上に滴《しずく》が落ちてくる。

「いけねえよォ、おい。水が落ちるねェ。天井かァ？　別に雨漏りがしてるわけじゃないようだし」

で、雨の中を笠ァ被《かぶ》ってきて、その笠を取るのを忘れていたことに気づくわけだが、どう演《や》ったって無理がある。だから、直した。

碁を打ちながら、

「待ったッ」

「また〝待った〟ですか」

「まだ被り笠を取ってない」

釜泥《かまどろ》

先祖の石川五右衛門《いしかわごえもん》の恨《うら》みを晴らすために、〝釜という釜をみんな盗《と》っちまおう〟という噺《はなし》である。これと、『お血脈《けちみゃく》』とを合わせて一編にして演《や》ったことがある。『お血脈』は、極楽にある「血脈の印《いん》」（釈迦《しゃか》の弟子になる印）が原因で地獄が荒《すさ》んでしまい、それを五右衛門が盗んでくるという噺である。

この二本をどう合わせたかって？　過去の本に載せたので、そっちを読んでくれい（『立川談志遺言大全集3』講談社）。

ガマの油《あぶら》

過去、書いたように、コメディアンの泉和助《いずみわすけ》さんがコントの中で、パロディー英語で『ガマの油』を演《や》っていた。〝トン・ナン・シャー・ペー・スタンダップ・ミラー〟〝ローリング・ローリング・オイル・スウェット・オーバー・ザ・フェイス〟なんという、実にセンスのいいパロディーでした。戦後、日本の庶民に英語が入ってきたばかりの頃の話である。

私もその一部をギャグとして入れて演ったりしているが、それだけに非《あら》ズで、中にャァ、ガマの油を片言の韓国語で売りに行くという珍品もある。

古典落語においても、このくらいの遊びはけっこうだ。立川流《うち》の談笑《だんしょう》なぞは、ポルトガル語で演るらしい。〝ポルツゲス〟だとサ。

紙入《かみい》れ

女房が亭主の留守に若い男を連れ込む間男《まおとこ》の噺《はなし》である。

もと〳〵、『紙入れ』はよくできている。

「手前《てめ》えの女房を取られちゃう奴《やつ》じゃ、とても気がつきやしねえや」という落《さ》げなんぞ、見事である。だから、ほぼそのまま演《や》っているという次第。でも替えた。

「その亭主野郎の顔《つら》が見てえ……」をそれに加えた。で、「見せてやろうか、こんな顔だ」と亭主に言わせた、という次第であります。

九州吹《きゆうしゆうふ》き戻《もど》し

藤浦敦《ふじうらあつし》さんが談志《わたし》のために作ったものが最初。で、その後、私なりに「談志の落語」を作ったつもりである。

この落語ができるのは、談春《だんしゅん》しかいないだろう。演《や》れば、志《し》の輔《すけ》もできるだろう。

我ながら、落《さ》げは上手《うま》くできていると思う。荒れた海の中を九州から江戸へ向かっての船旅。二日二晩《ふつかふたばん》の嵐が明け、ドドーンと船が桜島《さくらじま》に打ち上げられる。

本来の落げは、何のこたァない。

「薩摩《さつま》の桜島から江戸まで四百里《しひやくり》、肥後《ひご》の熊本から江戸まで三百五十里、喜之助《きのすけ》の奴《やつ》ァ、帰りを急いで、五十里も吹き戻された」

これでは面白くないので、この続きを加えた。

熊本にもどった喜之助、命から〴〵、這《ほ》う〳〵の体《てい》で帰ってきて、こう〳〵こういうわけで……と、

「ああ、そう」

「酷《えら》い目に遭《あ》いました」

「まあ、いいじゃないか、命があったんだから、お前、えエ？　考えてみりゃ、そんな目に遭うなんざァ、豪勢な旅じゃないか」

「なァに、しけた話ですよ」

と、ポーンと落げる。

金玉医者《きんたまいしや》

ほんの僅《わず》かな、数行の小噺《こばなし》を伸ばしたのが『金玉医者』である。

金玉医者には、モデルがいる。これも、過去書いたが、まァ、初めて談志の本を読む奴《やつ》もいるだろうから、もう一度、教えておこう。

群馬の高崎に、知り合いのヤクザがいる。いや、元ヤクザか。で、全身、ベタ彫りをしている。これが可笑《おか》しいんだ。太腿《ふともも》のあたりにスポンサーの名前を入れてやがって、粋《いき》な野郎なのだ。

〝こりゃァ面白いや〟ってンで、その「形」をモデルにしてふざけて演《や》っているうちに、あの奇妙な人間像が出来上がった。そこへ、枝雀《しじゃく》の真似《まね》をして、「ホイ〳〵」なんという訳の判《わか》らない調子を入れ、イリュージョンをぶち込んでやったら、どん〳〵噺が膨らんでいった。

もと〳〵、原稿を書いて落語を作るようなことはあまりしないが、この噺も、頭ン中で一気に作り上げた記憶がある。

黄金《きん》の大黒《だいこく》

これは、前座のときに作った。昔からある落語だったが、当時はほとんど演《や》られていなかった。で、当時のギャグを沢山《たくさん》入れた。

例えば、

「黄金の大黒を掘り出したから、ご馳走《ちそう》するってえから、行こうじゃないか」

「ちょっと待ってくれい」

「何だ、おい、また理屈か」

「理屈ではない」

「ん？」

「黄金の大黒が出た。それはまあいいだろう。〝出たから、ご馳走する〟という。喜んでる場合じゃない。これは、資本家が庶民に対する一つの優越感を持って喋《しゃべ》ってるというところに気がつくべきではないのか」

「おい、共産党の演説みたいなことすんじゃねえよ」

落《さ》げも作った。

長屋の連中が飲めや歌えやでワア〳〵騒ぐので、床の間にいた大黒様が俵《たわら》を担《かつ》いで表へ行こうとする。

「おい、お前たちが騒ぐから、大黒様が何処《どっ》かへ行っちゃうよ。

……恐れ入ります大黒様、お待ちを。手前どもがあんまりうるさいんで、何処《どこ》かへ行っちまおうてンですか？」

「いや、そうでない。あまり……面白いから、私も俵を売って割前《わりまえ》を出す」

というのが、本来の落げ。それを私は、

「そうでない。あまり面白いから恵比寿《えびす》も連れてくる」

と落げた。これは、俺の創《つく》った落げだ。

慶安太平記《けいあんたいへいき》

談春《だんしゅん》が受け継いで演《や》っている。

名人といわれた初代木村重松《きむらしげまつ》の浪曲をラジオで聴いて、〝凄《すげ》えや〟と思って演るようになった。

新宿末広亭《しんじゅくすえひろてい》の席亭北村銀太郎《せきていきたむらぎんたろう》氏が、若き談志の『慶安』を楽しみにしていた。続きものだから、演り始めると連日のネタとなり、四席から五席を演る。それをずっと聴きこんでいた。昔懐かしく思ったのだろう。

「お前の慶安太平記をずっと聴いているんだよ」と言ってくれたっけ。

二代目重松は、初代の倅《せがれ》さんである。その重松さんから、あるとき電話がかかってきた。

「いいウンコが出たよ。見に来るかい?」

兄弟弟子《でし》の松太郎《まつたろう》、欲のない人で、最後は警備のような仕事をしていた。この人を復活させたっけ。

源平盛衰記《げんぺいせいすいき》

『源平』については、散々《さんざん》書いてきた。だから簡単に書く。

吉川英治《よしかわえいじ》の『新・平家物語』を読んで〝面白い〟と感銘を受け、なかでもとくに面白い部分をつまみ、一晩か二晩で一気に創作えた。二十代の頃の話だ。

昔から演《や》る「那須与一《なすのよいち》」も、ギャグを沢山《たくさん》ぶち込《こ》んで演った。受けたねェ。いままでも、「談志の源平」であると自負している。

ただねェ、最近でも時々〝演ろうかな〟と思うことはあれど、結果、演っていない。談志《わたし》自身が飽きちまってるから、受けないだろう。懐かしさだけじゃ保《も》たないしネ。

黄金餅《こがねもち》

志ん生《しんしょう》の『黄金餅』は、じつに落語らしい仕上がりになっている。けど、死体を担《かつ》いでの寺への道中《どうちゅう》がかなり不完全だったので、談志流にずいぶん直した。

「ワア〳〵ワア〳〵言いながら、下谷《したや》の山崎町《やまざきちょう》を出た。上野《うえの》の山下《やました》を通って三枚橋《さんまいばし》ィ渡って上野の広小路《ひろこうじ》、新黒門町《しんくろもんちょう》から御成《おなり》街道を真《ま》っ直《つ》ぐに五軒町《ごけんちょう》へ出る。鳥居丹波守《とりいたんばのかみ》様のお屋敷の前を通って旅籠町《はたごちょう》へ出る。仲町《なかちょう》、花房町《はなぶさちょう》、筋違御門《すじかいごもん》から大通りへ出る。神田《かんだ》へ出てまいりまして、新石町《しんこくちょう》、須《す》田町《だちょう》、鍋町《なべちょう》、鍛《か》冶町《じちょう》、乗物町《のりものちょう》。今川橋《いまがわばし》を渡って十軒店《じっけんだな》、本銀町《ほんしろがねちょう》へ出る……」

まだ〳〵続くが、面倒ッなったから止《や》める。あとは、過去の本を読むなり、売ってる音を聴くなりしてくれい。

落語家はもっと、江戸の地図を勉強しなければならない。まして、現在《いま》、東京の街はすっかり変わっている。江戸の地図を見て〝知る〟ということをしなければ、落語家自身、喋《しゃべ》っていて、訳が判《わか》らないだろう。

江戸の地図が好きでよく見ていたと書いたが、若い頃は、指でなぞりながら江戸の町を想像した。それがこの道中描写に生きている。

落《さ》げは、「ある人が買って食べたら、中からカチッと小判が出てきた」だとか、「怨《おん》霊《りょう》に祟《たた》られた」だとか、「誰《だれ》言うとなく黄金餅と言うようになった」だとか、いろ〳〵あるが、志ん生の「繁盛《はんじょう》した」が一番落語家的でいい。

私もずっとその落げで演《や》ってきたが、〝いきなり餅屋になって繁盛した〟というのは無理があるような気がして、最近になって「繁盛した」の前を少し直した。

「焼き賃、焼き賃」

「泥棒！」

「手前《てめ》ェが泥棒じゃねえか」

「あァ、泥棒でいいよ」

「よくない。焼き賃がなかったら食えないよ」

「食えなくなったら餅屋でもやれ。……あ、餅屋ァやってみよう」

小言幸兵衛《こごとこうべえ》

家を借りにくる人間を家主《おおや》の幸兵衛が小言を言って次々と追い返してしまい、最後に威勢のいい奴《やつ》がくる。小言を挟む余地がないくらいにポン〳〵とものを言う。で、落《さ》げは、「お前さんの商売は」「鉄砲鍛冶《てっぽうかじ》だ」「どうりでポン〳〵言いっぱなしだ」。

これ、面白くもなんともないから、替えた。威勢のいい奴がくる。と、

「どなた様で」

「どなた様を名乗る前に、手前《てめ》えのほうから名前を名乗りやがれ。そんなアンケラソーに言って聞かしても判《わか》らねえだろうが、耳の穴かっぽじってよォーく聞きやがれ、えェ？　俺はお前《め》ェ、綾小路君麿《あやのこうじきみまろ》ってンだ」

「〝綾小路君麿さん〟……お公家《くげ》さんですか」

「この野郎ォ、洒落《しやれ》も冗談も判らないでよく今まで生きてきたな。お公家のわけがねえじゃねえか」

「それは、どうも済みません。で、本当のお名前は？」

「熊《くま》だ」

云々《うんぬん》のやりとりがあり、

「ご商売は？」

「人殺しだ」

「人殺しィ！　助けてください」

「助けてやるから家賃を安くしろ！」

「安くすると？」

「俺が助かる」

と落げた。〝まだこのほうがまし〟という程度の落げだけどネ。

〝綾小路君麿〟の部分の名はその時々で違ってきたが、ま、偶然であろうが、現存の芸人と同《お》んなじ名になった。勿論《もちろん》、俺のほうがズンと古い。

小猿七之助《こざるしちのすけ》

この噺《はなし》は情景描写が主であり、「江戸の風」そのものだ。いいですよォ。名人神田伯龍《かんだはくりゅう》の十八番。つまり、講談からの抜き読みである。山藤章二《やまふじしょうじ》画伯から二枚組のレコードを貰《もら》い、あまりの素晴らしさにショックを受けて、〝演《や》ってやろうじゃないか〟となった。

寄席でこれを演ったとき、小島政二郎《こじままさじろう》さんが客席で聴いていて、終わって頭を下げると、高座までわざ〳〵来てくれた。曰《いわ》ク、

「よかったよ。ただね、魚河岸《かし》の〝波除《なみよ》け稲荷《いなり》のお灯明《とうみょう》が〟ってとこは、伯龍のほうが巧《うま》かったなァ」

これも現在《いま》、談春《だんしゅん》が演っている。

子別《こわか》れ

ある国では、「子供は力の少ない大人」という考え方だそうだ。毎度言うように、子供の思考は大人の思考の範疇《はんちゅう》で、いざとなったら子供という傘《かさ》の下に入る。

ガキはそんなに、メソ〳〵していない。

だから、談志《わたし》の『子別れ』に出てくるガキは、

「夜通ってくるおじさんは？」

「いないよ、そんなの」

「お前は寝てしまうから判《わか》らないだろうけど」

「うるせえな。早い話が、おっ母ァ《か》に男がいるかいないかって聞きてンだろ？」

「この野郎、言やがったね」

「いない、いない」

あるとき、ガキがぶたれて泣いて帰ってきた。相手のガキは、母親が仕事を頼まれたり世話になっている人間の倅《せがれ》である。泣いて帰ってきたそのガキは、親父《おやじ》なんぞ居なくても屁《へ》でもない。で、親父に再会して言う。

「本来なら溝《どぶ》ン中に叩《たた》っ込んじゃうんだけどね。おっ母《か》さんがいろ〳〵仕事を頼まれてるって判ってるからね。やられて泣いたんじゃないんだよ。悔しくてしょうがないから泣いたんだ。だから、〝こんなときに飲んだくれでもいれば、案山子《かかし》くらいにはなった〟って、おっ母さんにそう言ったんだよ」

で、それを聞いた父親、

「悪いなァ」

「いいよォ、今さら謝ったってしょうがないじゃないか、そんなもの。いいよォ。で、何やってんだ、いま」

「うん……」

「ま、いいや」

「小遣いやるからな」

「お？　イヨッ、凄《すご》いね、おい。いくら？　あら五十銭。大丈夫かい、おい。家《うち》ィ質《しち》に入れることにならねえかい？」

等云々《うんぬん》。泣きべそでなく、その頃としては珍しく、乾《かわ》いたガキに作り替えた。

権助提灯《ごんすけぢようちん》
この噺《はなし》を本妻と妾《めかけ》の「女の意地の張り合い」という解釈で演《や》ったのは談志《わたし》が初めてだ。
もう一つの特徴は、本宅と別宅の間を行き来する権助と旦那《だんな》のやりとりを、映画のようにカット、カットで切り替えて表現したことだろう。
従来は、権助と旦那が歩いている部分の描写を長くやり、言葉で説明していた。「しょうがないから旦那、また帰ってまいりまして」と。それを私は、二人のセリフだけで表現して、次の場面へとつなげた。妾に「今日は本宅《あちら》へ」と言われて、中に入

れてもらえず権助のところへ戻る。で、言葉では説明せずに、

「提灯に火を入れろ」

「どうして入《へえ》んねえ。そうか、月々の払いが悪いのか」

と続けていく。

二人の登場人物に交互に焦点を当ててカットカットで演る方法は、『芝浜《しばはま》』でも使っている。除夜の鐘《かね》が鳴り始めると、

「そう、百八《ひゃくやっ》つ」

「百八つ」

「百八つ」

そのうちに口でつぶやき、そして無言のまま、カット〳〵となる。

この方法、談春《だんしゅん》に教えてやろうと思っている。

けど、同種の噺では、どっちかって言やァ『悋気《りんき》の火《ひ》の玉《たま》』が洒落《しゃれ》ている。女二人が幽霊になって出てきて、「煙草《たばこ》の火を貸してくれ」「あたしじゃイヤなんでしょ、ふん」「お前、なんぞってえと〝ふん〟っていけないねえ」……というやりとりがあり、で、あの落《さ》げだ。

紺屋高尾《こんやたかお》

『紺屋高尾』といえば、円生《えんしよう》師匠であり、人情噺《にんじようばなし》として演《や》っていた。一方で、講談の一龍斎貞丈《いちりゆうさいていじよう》も十八番にしていて、私は貞丈先生から教わったと記憶している。〝記憶〟ときたネ、困ったもんだ。

「え？　何ですか？」

「ぬしの女房《にようぼ》になりたいんざます」

「え？」

この部分を円生師匠は、

「こういう人を夫にもったならば、たとえ落ちぶれてもけっして捨てるようなことはしないだろうから」と演った。

打算である。私はそれが嫌《いや》で〝純粋な恋〟とした。

高尾がポロッと涙をこぼした。

「よろしゅうござんす」

「な、何ですか？」

「ぬしの女房はんになりたいんざます」

「え？　何です？」

「ぬしの女房はんに、わちき、なりたいんざます。来年三月十五日、年季《ねん》が明けるんざます。そのときは眉毛《まゆげ》落として歯に鉄漿《かね》染めて、ぬしの傍《そば》に参りんすよって、お内儀《かみ》さんにしてくんなますか？」

内容的には旧来と変わらないが、〝心情的に変えた〟ということだ。

鮫講釈《さめごうしやく》

『間違《まちが》い講釈《こうしやく》』または『居候講釈《いそうろうこうしやく》』と呼ぶ噺《はなし》がある。居候が〝講釈を演《や》るからみんなを集めろ〟てンで、集める。そこで講釈を演るが下手《へた》くそで逃げちまう。これには、モデルがあったと言われている。三代目の一龍斎貞山《いちりゅうさいていざん》という人がいて、船が鮫に囲まれたとき、この貞山が講談を演ったら鮫が逃げたという逸話がある。それを落《さ》げに使った。

で、この噺のなかでは普通の講釈を演るのだが、私はそれだけでは面白くないので、『五目講釈《ごもくこうしやく》』と合体させて、『鮫講釈』を作った。

品川心中《しながわしんじゆう》

『品川心中』は、落《さ》げを替えた。ご存知のように、「『品川心中』の上《じよう》でございます」

と切る場合が多い。で、「とうに腰が抜けました」というこの落げが暗い感じで面白くないので、別に作った。

「馬鹿《ばか》野郎、間抜けな時刻《とき》に飛び込んできやがって。同じ飛び込んでくるなら、女でも連れて飛び込んでこい」

「いや親分、女はまるで飛び込まない」

これは途中の落げで、〝下《げ》〟の部分まで演《や》ると、頭ァ剃《そ》られて坊主にされた女郎《じょろう》は、

「これじゃあ商売にならないよォ」

「なら尼《あま》にでもなれ」

「尼になるのはいやだよォ」

「なら一緒に飛び込んだらよかったんだ」

「飛び込んだって海女《あま》になる」

これらの落げ、誰《だれ》も取りに来ない。教わりにも来ない。

死神《しにがみ》

私のは、死神が〝死神になった曰《いわ》く〟を説明する。募集に応募して死神になる場合もあるし、頼んで死神にしてもらう場合もある。組合があってな、病人が出るてえと、

とりあえず取りついてみるんだ、云々《うんぬん》と、それを会話の中で死神に言わせている。本来は、地《じ》で説明していた部分であるが会話で演《や》る。彼らはフワッとただ居るだけではなくて、きちんと訳があって存在している。それを表現した。

この噺《はなし》の核心は、寿命を表す蠟燭《ろうそく》の火を、その当人の前で死神がどう消すか、つまり、落《さ》げにある。演者によっていろ〳〵で、くしゃみをして蠟燭の炎を消しちまう落げを演る奴《やつ》もいれば、志《し》らくもまた違う。

円生《えんしょう》師匠は、新しい蠟燭を継《つ》がせようとして、やはり〝あーあ、消える〟と落げる。

私のは、「ああ、点《つ》いた」と言って喜ぶ相手に、死神がフッと消す。この、私の演出のほうがいい。

芝浜《しばはま》

『最後の落語論』にも書いたから、繰り返さないが、『芝浜』は完全に私のものだと思っている。鉄拐《てつかい》と同じように、女房が演者の俺に関係なく勝手に飛び出してきた、二〇〇七年、よみうりホールの『芝浜』。これを後のほうに載せておくから読んでみると判《わか》るかも知れない。

さすがに、「夢ンなるといけないから、止《よ》そう」で落《さ》げたが、本当は、女房が「こんな落語、演《や》ってらんない」と叫びそうだった。

「ちょいとォ、お前さん。これ、本気で演ってんのォ？　この落語ォ」

「まあな」

「〝まあな〟じゃない。止そうよ、こんなものォ」と、演者から離れて勝手に動き出したのだ。

洒落小町《しやれこまち》

大阪では『口合小町《くちあいこまち》』という。

私は、八代目桂文治《かつらぶんじ》、「八世家元」と色紙《しきし》のサインに書いた文治さんのものを覚えて演《や》っている。主人公の女の名を、私は〝松《まつ》ちゃん〟で演っているが、円生師匠《えんしよう》は〝お町《まち》さん〟にしていた。「洒落小町」だからと。

私の『洒落小町』の女房（松ちゃん）は荒っぽくなくて、割と可愛《かわい》い。亭主の〝穴《あな》っ這入《ぱい》り〟（浮気）の相談をするために家主《おおや》を訪ねる。

家主が松ちゃんに、業平《なりひら》とその女房の話を聞かせる。業平には女がいたが、雨風がひどい日、女のもとへ行くかどうか迷う亭主を止めるどころか、勧めたという話。

「え～、それじゃ、向こうに女がいるってのを知らないんですね」

「知らないわけないじゃないか。知っているよ」

「なんで～、どうして～」

「また始まったな。……さァ、其処《そこ》だよ」

「何処《どこ》です？」

「くだらないこと言ってんじゃないよ」

このあたり、ちゃんと聴くと面白いんだがなァ。

で松ちゃん、駄洒落《だじゃれ》を散々《さんざん》言って、家主の「和歌《うた》なんぞ、どうだい」に、

「歌なんぞ訳ないですよ。

〽一つと出たホイのヨサホイのホイ、一人娘と……」

「そういう歌ァ唄《うた》うんじゃないよ」

「いえ、受けるんですよ……〽二つと出たホイのヨサホイのホイ、二人娘とヤルときにゃホイ、姉のほうからせにゃならぬ……」

「止《よ》しなよ」

と散々あって、帰りに、

「ま、なんとかしてやるから、とにかくやってみな」

「どうもありがとうございました。お世話になりました。また来ます。さよなら」

……で独り帰りながらまた唄う。

「〽一つと出たホイのヨサホイのホイ……」

哀愁《あいしゅう》がある。我ながら巧《うま》い。

女給《じょきゅう》の文《ふみ》
柳亭痴楽《りゅうていちらく》作。

私は、『浮世床《うきよどこ》』から入る形で演《や》っている。字の読めない奴《やつ》が、女から来たラブレターを読む。

「〝あのとき　はなが　たくさん　くだりて　くるしかったわよ〟」

「〝バナナ沢山《たくさん》下さりて嬉《うれ》しかったわよ〟てンだよ」

「〝さっそく　わかやまへ　もちかえり〟。随分遠いとこへ持ってったね」

「いや、〝我が家へ持ち帰り〟」

「〝べつだん　へそなめた〟」

「〝仏壇《ぶつだん》へ供《そな》えた〟てンだよォ」

「〝みしんが　ないが　したてるよ〟。何だい、これは」

「〝しみ〴〵話がしたいのよ〟ってンだ」

「〝あなたは　はたけの　たにしだわ〟」

「〝あなたは私の彼氏だわ〟というんだよ」

「何だ、〝かんじょう〟てのは。〝彼女よ〟てンだ」

〝彼女〟と〝かんじょう〟ってえのは、ちょっと無理があった。一番嫌いなところである。

落語家たちが、ズバリ言うと、〝客が悪い〟ときに、ふざけて演る噺《はなし》だったのだろう。

私は、そのまま演っていても面白くないから、朝鮮語に直した。

「読んでくれ」

「いや、ちょっと、焼き肉屋の子だからね、ちょっと読みにくいんだ」

「韓国か？」

「いや、韓国じゃない。ちゃんと日本人だよ」

「お前、ちょっとこっちへ貸してみな。……えェー、何だこりゃ。アニヨンハシ？ハシ？　アニヨンハッセイヨ。えェ？　えェー？」

「〝アニやんを信じて〟」

「〝ワタシ　ホントハ　カンコクヨ〟」

「そうじゃないよ。〝私、ほんとは残酷よ〟だよ」

「デモ　ジンセン《仁川》ノ　ヒトデスヨ」

「何だ？」

「これ、〝じんせん〟じゃない？」

「いや、〝親切〟だ、〝親切な人ですよ〟」

「〝アナタ　キムチガスキナノヨ〟って」

「いや、〝あなたの気持ちが好きなのよ〟っていうんだよ」

「〝プサン　オモウト　ナミダガデルヨ〟って」

「〝ふだんから思って涙が出るよ〟」

「〝ワタシ　チョッパリ（日本人）　ダイキライ〟」

「いや、〝突っ張りは大っ嫌い〟だ」

「〝ゼントカンガイルヨ〟。全斗《ぜんと》煥《かん》がいるって、昔の大統領」

「〝前途考えるよ〟ってンだ」

これなんかうまいねえ。言葉が一つもダブっていない。

「〝チョーヨンピル唄《うた》ってる〟」

「〝きょうも夜昼唄ってる〟」

「〝今度、あなたの家にチョゴリ着て行っていいか〟」

「〝今度、あなたの家にひょっこり行っていいか〟つってンだよ」

「〝ミシンガ　ナイガ　シタテルヨ〟」

「あ、これは判《わか》るわ。〝しみ〴〵話がしたいよ〟ってンだ」

こういうところが好きだ。自画自賛。

「〝ナンダイモンナイヨ〟、〝南大門ないよ〟って、焼けちゃったんだ」

「〝何ら問題ないよ〟」

「〝カルビ　ビビンバ　トンソク　イクカ〟何だ、こらァ」

「〝ある日みんなで遠足行くか〟ってンだ」

「〝ワタシノ　オモニト　オモウカ〟、何だ、こりゃ」

「〝私を重荷に思うか〟っていうんだよ」

「〝ワタシ　アナタノ　カムサンミダ〟」

「〃私、あなたの女房《かみさん》みたいだ〃」

「〃キムヨンサン　ニ　ヨロシク〃。〃金泳三《キムヨンサム》大統領によろしく〃なんつってンのか」

「いや、〃絹代《きぬよ》さんによろしく〃ってンだ」

巧《うま》い。

「〃ボクチャンへ　キム　レイカ〃」

「〃僕ちゃんへ　木《き》村麗子《むられいこ》〃ってンだよ」

蜀山人《しよくさんじん》

『蜀山人』は二十代のときによく演《や》った。ガキの頃から読んでいた『少年講談全集』(講談社)、そこで知った「蜀山人」から、ほとんど一晩で作り上げたものだ。狂歌師《きようかし》蜀山人は、あるときは狂歌で人を救い、またあるときは頓知《とんち》でその場を和《なご》やかにする。

講談全集で知った、塙団《ばんだん》右《え》衛門《もん》、後藤又兵《ごとうまたべ》衛《え》、一休《いつきゆう》さん、曾《そ》呂《ろ》利《り》新左《しんざ》衛《え》門《もん》、蜀山人……等々。私は頓知ものが好きで、なかでも蜀山人が、洒落《しやれ》ていて、子供心に一番よかった。

蜀山人の狂歌は今でも覚えていて、空《そら》で言える。蜀山人のデビュー作が、〃唐人《とうじん》もここまで来いよ天野原　三国一の富士が見たくば〃、出世作というか有名な狂歌が

〝往《ゆ》きかかる　来かかる足に水かかる　足軽怒《あしがるいか》るお軽怖《かるこわ》がる〟。

ナニ、狂歌だけに非《あら》ズで、川柳《せんりゅう》、都々逸《どどいつ》、和歌、歌謡曲等々、それらを覚えるのがガキの頃から好きであった。文字、日本語、フレーズが好きなのだ。蜀山人の作る歌を、あの頃の拙《つたな》いガキの頭で粋《いき》に感じて、全部を覚えようとしたもんだ。

ずっこけ

この噺《はなし》の落《さ》げ、〝あんな大勢人がいるところで、よくまあ拾われなかったこと〟は、無理があるし、面白くもなんともない。で、私はそのあとに、酔っ払いの内儀《かみ》さんに文句を言わせた。

「毎晩々々お酒飲んできて、飲まない日がないじゃないか。それが、昨日《きのう》初めて判《わか》ったよ」

「おォい、妙な話だな、えェ？　亭主が毎晩々々酒飲んで帰ってきたのが、何で昨日わかったんだ」

「昨日初めて、しらふで帰ってきたから」

これ、西洋の小噺《こばなし》である。借用というか、盗んだとでもいうか。けど、この落げのほうがいいよネ。

疝気《せんき》の虫《むし》

内容は大して変えてはいないが、落語的リアリズムを入れ込んだ。本来なら、疝気の虫が亭主の〝別荘〟（睾丸《キンタマ》）から口のほうへ登っていくとき、「ヨイショ、オイショ」と演《や》るが、私の場合は、「オンニ、オンニ、ハッ、ハッ」なんというワケノワカラナイ日本語を使う。

娘が三十過ぎてから、私が演るこの噺《はなし》を初めて聴いたらしい。〝パパの落語ォー面白い〟とサ。こけたネ。

『疝気の虫』や『金玉医者《きんたまいしゃ》』は、下ネタである。それを下品にせずに笑いの質を高めるのが難しい。

粗忽長屋《そこつながや》

もういち〳〵書くまでもないが、私はこの噺《はなし》を『主観長屋《しゆかんながや》』に替えた。『主観長屋』として演《や》り始めたばかりのとき、それを聴いていた友人のTBSディレクターが、〝『粗忽長屋』か、つまらない噺を始めたな、と思って聴いたが、いや、こんなに面白いとは思わなかった〟。

『主観長屋』であることを強調するために、あのセリフを入れている。

「〝たまには髭《ひげ》を剃《あ》たれ〟ってるじゃねえか」

「髭なんぞはどうでもいいんだい」

「人間てえのは鏡見んだろ。鏡ィ見りゃ、自分の顔ってのが判《わか》るじゃねえか。俺なんぞは、毎《まい》ン日《にち》顔洗って、歯ァ磨いて、髭なんぞ剃《そ》るから、自分で自分が判る。だから、街で歩いてて、あ、俺だなってすぐ判る。お前は自分のことが判んない。俺はお前が判って、俺が判って、両方判ってる。俺が〝お前だ〟ってンだから、間違いねえだろう」

こいつは〝粗忽〟ではない。あまりに主観が強いと、人間の生死までも判らなくなってしまうという、物凄《ものすご》いテーマを持った落語なのだ。イリュージョンの塊《かたまり》である。

ま、あとは、この本の後ろのほうに全編載せたから、読んでみてくれい。

それにしても、私《わたし》の演る通りになるのが照れるのか、それとも、無断で演ってはならないと思っているのか、いや、家元のところへ断りに来りゃァいいのだが、小言《こごと》を食《く》うと思っているのか。教えてやってるにもかかわらず、弟子どもは演らない。

その程度の思いしかないのかと思うと、寂しくもなってくる。

ぞろぞろ

完全に改作した。普通の『ぞろぞろ』は、荒物屋《あらものや》の娘が神社にお参りに行って帰ってきたら、奇跡が起こって店が繁盛した、というだけの噺《はなし》。私の『ぞろぞろ』は、神様を主《しゅ》にして、神様の浮気っぽさを演出した。そしてミラクル……。この噺はかなり受けて、客席がひっくり返ったものだが、その後、受けなくなった。客が変わったのではなく、談志《わたし》が変わったからだろう。同じ内容を何度も演《や》るのが嫌《いや》ンなった。飽きちまったのだ。

大工調《だいくしら》べ

与太郎《よたろう》が、溜めた店賃一両二分《たなちんいちりょうにぶ》と八百文《はっぴゃく》の形《かた》に、家主《おおや》に道具箱を持ってかれてしまう。それを知った棟梁《とうりゅう》（江戸っ子はこう呼《い》う）が与太郎に一両二分を渡し、家主のところへ行って道具箱を取り返して来いという。けど、八百文足りないってンで追い返されてしまう。

棟梁は、与太郎を引き連れて家主のところへ行き、あとで八百文を届けるから道具箱を返せと言うが、家主は承知しない。そこで、棟梁が啖呵《たんか》を切る。それを真似《まね》て、与太郎がしどろもどろの啖呵を切って笑いを取る。

「弱《よえ》えこちとらには強いお奉行さんがついてる。白州《しらす》の砂利を握って泣きっ面するなア！

おゥ、与太、駆《か》っ込もうじゃねえか」

「おまんまか？」

「おまんまじゃねえ。たしか南町《みなみまち》は大岡《おおおか》様だ。そこへ訴えるんだ、駆っ込むんだ」

〝と言って訴えて出ます。『大工調べ』の上《じょう》でございます〟という落《さ》げ。面白くも何ともない。

そこで私は、家主に逆襲させ、落げを替えた。

「何を言やがる。俺だってここまで来るには、いろ〳〵な苦労があって、並大抵じゃねえんだ。それはどうのこうの」云々《うんぬん》……。

と、棟梁が、

「この野郎ォ、口が横に裂けてると思いやがって、嘘《うそ》八百並べるないッ」

「おい棟梁、嘘でもいいから八百並べろ」

〝『大工調べ』の上でございます〟なんという落げとは、ケタが違う。ヨオ、流石《さすが》家元だ。

代書屋《だいしよや》

米朝《べいちよう》さんの師匠米団治《よねだんじ》が、朝鮮語を入れて演《や》ったときの速記が残っていると聞いたことがある。それで、代書屋へ来る客の一人を朝鮮出身にして、「私の朝鮮語」を入れてみた。

これを楽屋で聞いていた小《こ》さん師匠が、手を叩《たた》いて〝面白《おもしれ》えな、お前《め》えのは〟って言ってたっけ。

妲妃《だつき》のお百《ひやく》

妲妃は、悪い女の代名詞で、中国の古い物語に出てくる。誰《だれ》が作ったイメージなのかは判《わか》らない。

余談も余談だが、傷のない死体があり、何処《どこ》を刺されたのか撃たれたのか判らない。で、犯人の女を捕まえて白状させたところ、〝寝ながら睾丸《キンタマ》を締めちゃったと。締めれば男が死《まい》っちゃって、外傷がまったく残らない〟。……と書かれた記事があった、という記事を読んだことがある。

『妲妃のお百』を演《や》ったのは、怪談噺《かいだんばなし》も演ってみたいと思ったのがきっかけだ。救いのない、悪女の噺である。

田能久《たのきゆう》

阿波徳島《あわとくしま》の田能《たのう》村の久兵衛《きゆうべえ》、俗称田能久さんが山中で大蛇《うわばみ》が化けた老人と会い、〝一番怖いもんは何だ〟という話になった。老人は田能久を〝たぬき〟と間違えてうっかり助け、この話となる。

「私はお金でな。これが一番この世で怖い」と田能久さん、「俺は煙草《たばこ》のヤニと柿《かき》の渋《しぶ》だ」と老人……。

山から下りて喋《しやべ》ったから、村人総出でこれらを持って大蛇の穴にぶちまけた。七転《しつてん》八倒《ばつとう》の大蛇。家に帰ったその夜、田能久さんの家の前に現れた血だらけの老人。〝俺はもう駄目《だめ》だ。俺と同じ苦しみをお前にも味わわせてやる〟と闇《やみ》に消えた。ドシーン、ガラーンと大音響。恐る〳〵戸を開けてみたら、千両箱が山と積まれていた。

これが落《さ》げ。つまり民話からの噺《はなし》だ。これを立川さんは、「この金を自分で使ったばかりでなく村人のためにも使い、残ったお金でもって江戸に小さな芝居小屋を建てた……。これが現在《いま》の歌舞伎座《かぶきざ》でございます。……いや、嘘《うそ》です。

大蛇はなんとか命だけはとりとめて山の奥のそのまた奥に引っ込んで、ボソッと言ったという。

〝人間は狸《たぬき》だ〟」

短命《たんめい》

どう直したかというと、これでもか〳〵とエロを入れ込んだ。で、ギャン〳〵受けた。何？　〝そのエロが知りたい〟って？　ごめんよ。ここでは書ききれないんだなァ。本も出てるし、音もあるから、そっちで読んだり聴いたりしてくれ。

それと、ある女優の実話をギャグとして入れて、これも受けたネ。

「妙な目つきしてやらァ、ええェ？　またお稲荷《いなり》さんの鳥居かなんか小便引っかけて、腫《は》れやがったんだろォ。こないだも腫れて、一晩中私《ひと》に冷やさせやがって。里へ帰って親に喋《しゃべ》って、笑われたよ」

「そんなこと、親に言う馬鹿《ばか》ァいるか」

この女優、がらっぱちでねェ……。勿論《もちろん》、今も元気である。

千早振《ちはやふ》る

この噺《はなし》も我ながら見事に直したと思っている。

「千早振る神代《かみよ》もきかず竜田川《たつたがわ》　からくれないに水くぐるとは」の意味を八五郎《はちごろう》がご隠居《いんきょ》に聞くやりとり。

普通は、ご隠居におかしな説明をさせるのだが、私は、ご隠居から質問させて八五郎に答えさせる形にした。客は、本来の『千早振る』を知っているから、受けた〳〵。

「いまのが、答えじゃないか」に八五郎、

「えエ、何です？」

「いま、何つったよ」

「花魁《おいらん》（千早）に惚《ほ》れたんだけど、結局、花魁が言うことォ聞かなくて。だから……」

「こうなったのを何てンだい？」（肘鉄《ひじてつ》）

「〝蹴《け》られた〟とか、〝振《ふ》られた〟とか」

「それだよ。千早振る」

「あ、千早振るか」

「ピン・ポーン！」

逆に、八公に答えを出させる、という演《や》り方。さすると、〝とはは千早の本名だ〟

という落《さ》げはそのまま生きてくる。
この噺、最近は演ってないけどネ。

つるつる

お梅《うめ》という芸者に惚《ほ》れた幇間《たいこもち》一八《いっぱち》、二階でみなが朝飯を食べている上を、天井の梁《はり》に帯を通してそれに摑《つか》まってぶる下がっているという、落《さ》げの状況。その座敷の上を通ってお梅の部屋へ行こうってンだが、どう考えても無理がある。どんな構造の屋敷なのか判《わか》らないし、どうやってお梅の部屋に行こうとしてるのか。で、直した。ぶる下がっている状況を全部カットした。

山藤章二《やまふじしょうじ》画伯に〝一八が可哀相《かわいそう》だから、お梅と一緒にしてやってくれ〟といわれ、落げも替えた。よくなったと思う。

惚れていた芸者の小梅からOKがとれた。そして、

「今晩の二時に会って話をしましょう。その代わり、二時にちょっとでも遅れたら、私も〝無い縁〟と諦《あきら》めるから、お前さんもそう思ってほしい」

約束をした幇間の一八、客と飲んで、〝どうだ、頭の毛を半分剃《そ》れ、五十円やらア〟なぞいろいろあって、〝一杯飲んだら一円〟に一八、飲んで酔い、帰ったら寝込

んでしまい、起きたのが午後《ひる》の二時。全身で泣き、諦めているところに昨夜の旦那《だんな》、これを聞いて、

「よし俺が小梅に謝ってやる、お前も来い。その代わり坊主になれ」

「いくらくれます？」

「馬鹿《ばか》野郎、謝りに行くんだ。只《ただ》だ」

「只かァ。なら昨夜坊主になって百円貰《もら》っときゃァよかった」（〝半分坊主で五十円〟だったので）

……と替えた次第。

鉄拐《てつかい》

最初は、ちょいとおふざけというか、気楽な気持ちで演《や》ってみたのが最初だ。三木《みき》助《すけ》師匠が演っているのを聴いたことがあるが、他はない。ほとんど演られていなかった落語ということった。

この噺《はなし》を面白くするには、鉄拐が俗化したり都会かぶれしていく様を、地《じ》で語るのではなく、登場人物たちの会話で示す必要があるが、最近になって上手《うま》くできるようになった。時々そこに、談志《わたし》を入れてやることで、さらに面白くなった。落語の中に

演者が出てくるというのは、他の落語でも演ることがある。

「鉄拐の人気が出てきて、週刊誌なんかにいろ〳〵書かれましてな」等々、それらのフレーズは私の創作である。

『鉄拐』の落《さ》げで、腹から二人の酔っ払い二人が出てきて、〝李白《りはく》と陶淵明《とうえんめい》だった〟。若い頃、それを〝野坂《のさか》（昭如《あきゆき》）と長部《おさべ》（日出雄《ひでお》）〟だった〟と演ったことがある。受けなかった。

完成版といってもいい『鉄拐』は、後ろに載せてある。鉄拐が俺の落語の中から飛び出して、勝手に動きだしている。

天災《てんさい》

心学《しんがく》の紅羅坊《べにらぼう》が、喧嘩《けんか》っ早《ぱや》い八公《はちこう》を教え諭《さと》す噺《はなし》である。嫌《いや》な噺だ……。

だから私は、教わるほう（八公）に反撃させた。

〝教えるほう〟と〝教わるほう〟、どっちを強くしたほうが面白いのか。これは難しい。けど、『天災』については、八公がガラッパチだから、教わっているほうを強くしたほうが面白いと判断した。

落《さ》げも替えた。紅羅坊に諭されて長屋に帰ってきた八公。熊公《くまこう》が女といるところに

前の内儀《かみ》さんが怒鳴り込み、痴話《ちわ》喧嘩になったと聞き、熊公を諭しに行く。八公、紅羅坊に教わった通りに、

「天が怒鳴り込んだと思え」

「怒鳴り込んできたのは天じゃない、前《せん》の嬶《かか》ァだ」

「これ、すなわち天災だ」

「いや、俺ントとこは先妻だ」

これが普通の演《や》り方。それをこう替えた。

「天が怒鳴り込んだと思え」

「天が怒鳴り込んだんじゃねえ、前《せん》の嬶《かか》ァが怒鳴り込んだんだ」

「それが天災だ」

「俺ンとこは先妻だ」

「天災と諦《あきら》めろ」

「先妻が諦めない」

こうすることで、単純な落ちをいくらか救えている。三段落ちにして演《や》っているのは、私だけだろう。

豊竹屋《とよたけや》

先代の談志も演《や》っていた噺《はなし》で、いい加減な義太夫《ぎだゆう》と、いい加減な三味線《しゃみせん》を無理やり合わせて口三味線をする。

「〽蕎麦《そば》に似たれど蕎麦でなく、うどんに似たれどうどんでなくゥ、酢をかけ蜜《みつ》かけ食べるのが」「トッコロテ〜ン、カ〜ンテン」

「〽それを食べずに通うのが、便所《せっちん》々々」

「〽子供の着物を親が着て」「ツンツルテン〳〵」

なか〳〵いい作品ではある。けど、これだけでは、長くはつながらない。

そこで、私は、〝〽大人が子供を持ち上げて、てん〳〵天まで〟とか、いろ〳〵なフレーズを作って、きれいにつなげた。

ある噺家《はなしか》にこの作り直した『豊竹屋』の原稿を渡してやったが演らない。〝演れないなら返してくれ〟と言ったが、それっきりだ。

二人旅《ににんたび》

内容をすっかり直した『二人旅』は、『粗忽長屋《そこつながや》』『金玉医者《きんたまいしゃ》』『大工調《だいくしら》べ』とともに胸を張って自慢できるネタの一つである。

小《こ》さん師匠の『二人旅』は、四代目小さん譲りだが、四代目がギャグを入れた可能性がある。で、談志《わたし》の『二人旅』は、さらに〝奇想天外〟を入れ込んだ。

落《さ》げも自作である。

「手前《てめ》えンとこ飯屋《めしや》だろ？」

「飯屋じゃねえよ」

「〝飯屋じゃねえ〟ったって、暖簾《のれん》に書いてあんじゃないか」

「何て書いてあんだ？」

「〝一膳飯《いちぜんめし》、有り、やなぎや〟って書いてあんだろう」

「あっ、そう読んじゃ駄目だよ。ありゃ〝ひとつ、せんめし、ありや、なきや〟ちゅうだ」

飯屋の婆《ばあ》さんに、言わせたところがポイントだ。理解《わか》るゥ？

飯屋の婆さんが唄《うた》う歌は、子供のとき、埼玉の深谷《ふかや》に疎開したとき、誰かが唄っていたのを覚えていて、それを使った。

「〽お馬がヒン〳〵、牛モウ〳〵、子羊《こやぎ》はメエ〳〵、小鳥はチュン。朝から鶏《にわとり》コケコッコー、夜明けにゃフクロウがポッ〳〵ポー」

「殴るぞ、この婆《ばば》ァ」

羽団扇《はうちわ》

この噺《はなし》はあまり演《や》らないが、正月に演ることがある。今後も、演る可能性はある。

落《さ》げを直している。亭主が、新年早々、七福神《しちふくじん》の宝船に乗った夢を見たという。

「あ、そう、よかったァ。七福神と一緒に飲んだのね」

「恵比寿《えびす》、大黒《だいこく》、毘沙門《びしゃもん》、弁天《べんてん》、布袋《ほてい》、福禄《ふくろく》に取り囲まれた」

「……それじゃ、六福神じゃない」

「六福神じゃねえじゃねえか、お前。恵比寿、大黒、毘沙門、弁天、布袋、福……、あれ？　恵比寿、大黒、毘沙門……」

「ほれ、一福足らないよ。どうしたの？」

「一福（一服）は吸い付け煙草《たばこ》で吸《の》んでしまった」

これを替えたんだが、どう替えたか忘れた。でも替えたんだ。

このあとに、〝いや〜ん〟と加えて落げたこともある。夫婦にとっての初夢、〝姫始め〟を掛けたものだ。〝姫始め　皺《しわ》になるほど女房漕《こ》ぎ〟姫始めは元日の夜ではなく、二日の夜である。

風呂敷《ふろしき》

女房が若い男と二人きりでいるところに、酔っぱらった亭主が帰ってくる。慌てて若い男を押し入れに隠すが、亭主がその前に座って動こうとしない。女房は亭主の兄貴分のところに相談に行く。兄貴分が、よその家で起こった出来事を実演するというシチュエーションで亭主の頭から風呂敷をかぶせちまおう、という作戦を考える。亭主を見えない状態にして、若い男を逃がしちまおう、という算段だ。

風呂敷を持った兄貴と女房が家に帰り、計画通り、亭主の頭から風呂敷をかぶせ、若い男を逃がす。で、風呂敷をとる。〝向こう（よそ）の家《うち》の話〟だと思って聞いていた酔っ払い亭主、

「ははァ、上手《うま》く逃がしたもんだなァ」

「上手《うめ》えだろう」

「でもよ、兄貴、その風呂敷、真ん中に大きな穴があいてるよ」

「え？　あらっ？　穴があいてる？　けど、〝向こうの家の話〟は理解《わか》ったろ？」

「理解ったよ。兄貴の話があんまり上手《うめ》えから、目に見えるようにわかった」

穴をあけたのは私の創作だ。大して面白くはないがネ。

文七元結《ぶんしちもつとい》
娘お久《ひさ》が吉原《よしわら》に自ら身を売って作った五十両を、長兵衛《ちょうべえ》は店の掛け金をなくしてしまい身投げをしようとしていた手代の文七《ぶんしち》にあげてしまう。で、ああだこうだあって、金が出てきて、五十両が戻り、しかも店の主《あるじ》が娘を身受けしてくれて届けてくれ、これが縁で文七とお久が一緒ンなり、元結を売って繁盛した……なんという、人情噺《にんじようばなし》である。

あるとき高座で、〝このあとを演《や》りましょうか〟と言ったら、客から大拍手が来た。で、演った。

「なあ、おい、お久も文七も幸せでいいなァ」

「……でもお父っつぁんは前から言おうと思ってたんだけど、あれ、金が見つかったからよかったけど、金が見つからなかったらどうするつもりだったの」

「そうだよな」

「でも、あそこで金をやっちゃったってのが、俺の最後の博打《ばくち》だったんだなァ、うん」

「あれば、ちんたら〳〵使って、なくなってたんじゃねえかな」

こう付け加えることによって、いくらか落語リアリティを入れたというか、「人情噺」という作り話に対して、槍《やり》を一本入れたつもりだったのだがネ。勘三郎《かんざぶろう》（その頃の勘九郎《かんくろう》）、〝よくこんなものをお前演《や》ってるな〟に、〝ま、いいじゃないですか〟だとサ。そう言って舞台に行きやがった。

へっつい幽霊《ゆうれい》

『へっつい幽霊』といえば、三木助《みきすけ》師匠である。そのフレーズ、「勘弁してくださいよォ。昨夜《ゆんべ》、会ってるんですよ、私、幽霊に。幽霊なんてえのは、あんまり馴染《なじ》みンなったり、裏ァ返したりするもんじゃない」

ここはいい。そのまま演《や》っている。

落《さ》げを替えた。

最後、へっついから出てきた幽霊とヤクザの熊公《くまこう》が三百円をめぐって、サイコロを振る。幽霊も生前は博打《ばくち》好きで、もとはといえば、博打で稼いだ三百円をへっついに隠したまま死んじまって、それが惜しくて出てくる、という次第。

で、サイコロで負けた幽霊、

「もう一度《いっぺん》張ってくれ」

「そらァ止《よ》そうじゃねえか。お前《め》えのほうに金がねえのは判《わか》ってるんだ。元がねえのは判ってるんだ」

「親方ァ、あっしも幽霊だ、決して足は出しません」

本来はこれが落げだが、くだらねえ。〝ないよりはあったほうがいい〟という程度の落げである。だいたい、現代《いま》の奴《やつ》ァ判るのかネ。「足」は「おあし」、つまり銭《ぜに》のことだがねェ。

私はこれを、

「おい、帰りの銭を幾らかやろうか？　〝要《い》らない〟？　あ、そう。

……あー、ボーッとしてきやがった。あー、消えちゃった。はァ、消えたよォ、おい……」

っていうところへ、ダン〳〵ダン〳〵、ダン〳〵ダン〳〵。

「おお、若旦那《わかだんな》、銀ちゃん、もっと早いとこ来るとよかったんだよォ、えェ？　いいものが見られたんだよォ」

「見てましたよ、いま。半分ください」

いいだろう、この落げ。

堀《ほり》の内《うち》

『堀の内』は粗忽噺《そこつばなし》の一つで、従来は、単に粗忽《そそつか》しさを表現しているだけだった。曰《いわ》ク、笊《ざる》に水を溜めようとするとか、布巾《ふきん》や雑巾《ぞうきん》や猫で顔を拭くとか……であった。

あるとき、円鏡《えんきよう》（現・円蔵《えんぞう》）が、

「あのォー」

「何です？」

「〝私ィ、何処《どこ》へ行くんでしょう〟って聞いたら、あんた驚くでしょう」

と演《や》ったことがある。これはいい。

この噺はイリュージョンが入りやすいのだ。例えば私の場合は、

「ちょっと起きてくれ、起きてくれ、起きてくれ」

「ワーッ、戦《いくさ》は何処だ」

「戦なんぞないよ」

「ないもんか。世界中何処《どつ》かでやってるから、トテチテター」

「何言ってんだよォ。ほんとにそそっかしいね」

「俺、そそっかしいんだ。落ち着くと、落ち着かなくなっちゃうんだよな」

「それを直しに行くんじゃないか」

「あ、そうだ、そうだ」

「行っといで」

「邪険に追い出すなァー」

「追い出しちゃいないよ。送ってんだよ」

「送ってんなら、柱の陰でそっと泣け」

松曳《まつひ》き

これは全編、作り替えた。絶品の落げ《さ》をもつ「小噺《こばなし》」を「一席《いっせき》」に替えた家元。一言でいうと、殿様と職人のやりとりの中に、イリュージョンをぶち込み、ワケノワカラナイ落語にした。

どんな噺《はなし》か、またどう替えたか。談志落語は全編そうだが、聴いてみないと判《わか》らない。説明のしようがない。とくに『松曳き』なんぞは……ネ……。三太夫《さんだゆう》の奥方が庶民の女房の口調になり、「だって元は魚屋の女房だもの。いかがいたしますか」等あってネ……。

やかん

『やかん』と似た噺《はなし》に『浮世根問《うきよねどい》』がある。若い頃、〝『やかん』と『浮世根問』は違う。『やかん』の隠居《いんきょ》は、ちゃんと知ってる隠居で、『浮世根問』の隠居はいい加減なんだ。だから一緒にしちゃいけない〟と教わった。

けどね、いずれにしろご隠居は〝思考ストップ〟なんだから、何でも構わない、というのが現在《いま》の談志《わたし》の見解だ。お、〝見解〟ときたネ。

八公《はちこう》の「地球は丸くて太陽の周りを回っているんでしょ」に、ご隠居、

「太陽《むこう》が地球の周りを回ってるんだ」

「本当ですか」

「〝日が昇る〟〝日が沈む〟っていうのは太陽《あっち》が動いている証拠だろ」云々《うんぬん》。

「でもォ……」

「何が〝でもォ〟だ」

「ほら先生、地球儀ってのがあるでしょう」

「あるよ、知ってるよ」

「あれで見ると地球は丸いでしょう」

「お前、まさか、文房具屋で売ってるものなんぞを信用してるんじゃないだろうな」

『やかん』は私が作ったと言って、過言ではないでしょう。

夢金《ゆめきん》

百両を手に入れたが、夢だったという噺《はなし》。

この噺は、いまの遊三《ゆうざ》の一代前の遊三が、

「えェー、何で目が覚めたかてえと、痛いんで目が覚めた。何で痛かったかってえと、熊公《くまこう》の奴ア、金玉をしっかりと握ってギューッと」

と、そこまで演《や》っていた。

金馬《きんば》師匠は、

「百両ォー」

「うるせえな、熊、静かにしろォ」

「……何だ、夢か」

私の場合は、

「百両ォー」と熊に言わせたあと、階下《した》にいる親方が無言で天井を見上げて、それでカット。このほうが粋《いき》だと思っている。

よかちょろ

四十代から五十代にかけて、『よかちょろ』の若旦那《わかだんな》が好きで、よく演《や》った。勿論《もちろん》、現在《いま》でも変わらない。この若旦那は最高である。

多少、作り替えてはいるが、基本は黒門町《くろもんちょう》（八代目桂文楽《かつらぶんらく》）である。私にしてはかなり〝忠実に〟演っているといえるだろう。文楽の『よかちょろ』は見事である。

「髭《しげ》チョロパッパッテンで、これが四十五円《しじゅうごえん》」

この部分、本当はもっと受けなければいけないが、客には受けない。談志《わたし》には受けているのだが。

『よかちょろ』の親父《おやじ》と倅《せがれ》のやりとりは、落語リアリズムそのものだ。

「お父《とつ》つぁん、入れ歯が落ちました」

と、話の脈略とは関係ないところで入ったりするのもいい。

そこへ、談志流のギャグを入れている。

「お父つぁんが死んだら、番頭と二人で使っちゃおう」だとかネ。

『よかちょろ』にはこんな思い出がある。寄席で演っていたら、最後の下座《げざ》さん、橘《たちばな》つやさんが、若旦那が唄《うた》う歌は、〝もっとスローな歌なのよ〟と注意してくれた。

それを素直に受け止めて、ゆっくり唄うようにした若き談志であった。

「〽ハァ〜　女ながらも　まさかのときは　ハッハッァ〜よかちょろ

主《ぬし》に代わりてェー玉襷《たまだすき》　よかちょろ　スーイノスイノォ
してみてしっちょる　味ィみてよかちょろ
髭《しげ》チョロパーッパ
てンでね、これが四十五円」
「馬鹿《ばか》だね、こ奴《いつ》は。まァ、呆《あき》れた」
これは、〝侵すべからず〟の文楽師匠の「聖域」ですな。

落語《らくご》チャンチャカチャン

当時、いくつもの歌をつなげて歌う「チャンチャカチャン」という遊びが流行《はや》っていて、それを落語にも取り入れたという次第。

一応、〝見事につながっている〟という巧みな技《わざ》を見せるネタだが、ま、こっちとしては余興《よきよう》のようなものであり、客へのサービスでもある。

いくらでもつなげられるし、どうにでもできる。〝ネタを全部つなげてくれ〟って言われても、できてしまうかもしれない。

客が談志《わたし》に期待するネタの一つであるが、あまりそう思われるのもねェ。そういう客が増えたら、私のことだから、その先に行っちゃうかもしれない。

例えば、落《さ》げだけを続けたら……なんということを考える。さわりだけ、演《や》ってみるか。

「じゃあ、負けたやつは倍払うことにしようじゃないか。俺はだから、倍払うよ」

「おっ、ヨォン、一杯飲めらァ」

「おっと、差し引いとこう」

「止《よ》そう、夢になるといけない」

「ですから、冷やで飲んでおけばよかった」（『夢の酒』）

「何を言う。もう一杯注《つ》げ。煎《せん》じ薬を」

「いいえ、ございません」

「ならば、一回りしているうちに、二番を煎じておけ」

〝落げだけ続ける〟……これは至難の業《わざ》だよォ。できたら凄《すご》いよォ。

ま、気が向いたら高座で演るかもしれない。

そういや、入院していて暇だったから、志《し》らくが書いた『シネマ落語』という本を読んだ。映画を落語に替えてやるというやつだが、これは「落語チャンチャカチャン」に通じるものがある。

らくだ

巷間《こうかん》伝わっていると思うが、この噺《はなし》に出てくる酔っ払いにはモデルがいる。鵜の木《うのき》に実家があるので、京浜東北線の蒲田《かまた》で降りる。その日も、鵜の木へ行く用事があって、JR、当時の国鉄に乗っていたネ。

すると、電車の中に酔っ払いが一人、座っていた。電車は空いていて、ガラーンとしている誰《だれ》もいないところに座って、独り言をぶつ〳〵と言っちゃァ〝アハハハハ〟と笑う。かと思えば、〝バカヤロウ！〟と怒鳴ってみたり。そのうちに、〝俺は、あんとき、グスン……ああすりゃよかったんだ……ぅぅ〟と泣きだしてネ、そのギャップの激しいのに驚いた。〝ははァ〜、笑ったそばから泣く。人間の中にはそういうところがあるんだなァ〟と。

それを『らくだ』ン中へぶち込んだ。酒を飲むうちに、気の弱そうなくず屋が怒ってみたり、終《しま》いには泣く。その〝くず屋の変化〟に生きている。

『らくだ』のくず屋は、談志《わたし》のオリジナルキャラクターである。一例を挙げれば、くず屋が酔ってきて、らくだの生前のことを思い出して、怒ったり笑ったり、泣いたりしながら喋《しゃべ》る。

「いつだったか、源泉寺の山門のところで雨宿りをしてたら、らくだが来やがった。

〝やばい〟と思ったから、〝らくださん、この夕立《ゆうだち》、百文《ひゃくもん》で買いましょうか〟ったら、らくだがニヤッと笑って、俺の頬《ほ》っぺたァ拳固《げんこ》でポンと叩《たた》いて、雨ン中をスーッと帰ってった。その姿ァ見て、〝ああ、らくだにもこんな部分があるのかなあ〟、なんて思って、俺、なんか妙に悲しくなってねえ。そんなことがありましたけど。

……だァけどォ悪い奴《やつ》だァ、あの野郎は。こーんなことやりやがって」

……云々《うんぬん》。

この、泣き上戸《じょうご》、笑い上戸を加えたのは私のオリジナルである。

落《さ》げまで演《や》るときは、

「何ィ？　火屋《ひや》だァ？」

「冷やでもいいからもう一杯」

もと〳〵大阪噺《かみがたばなし》だから、ここは千日前《せんにちまえ》の火屋だ……となる。火屋、つまり火葬場だ。

円歌《えんか》さんが冗談に、

「瘤《こぶ》だらけになっちゃって、〝痛《いて》え〳〵〟〝当たり前《め》えだ、らくだじゃねえか〟って、どうだい」

これは面白《おもしれ》えやってンで、〝兄《あに》さん、それ使える。俺、使わしてもらっていい？〟

ということで、使っている。

第三章　〝演らない〟にも訳がある

私のネタは多いが、一方で、誰でもやるネタでも演《や》らないものがある。それは山のようにあると言っていいだろう。

なかでも絶対に演りたくない噺《はなし》に『なめる』がある。ズバリ言うと女性器のエロ噺で、グロテスクで演る気になれない。『おかふい』もグロだから嫌いだ。かつて寄席では、時代性もあるのだろうか、グロが流行《はや》っていた。〝嫌《いや》だなァ〟と子供心に思ったっけ。同じ下ネタやグロでも、『勘定板《かんじょういた》』や『鼻《はな》ほしい』は許せる。『義眼《ぎがん》』は好きなほうだしネ。この違い、理解《わか》るだろ?

それから、当然のことながら、人情噺《にんじょうばなし》は嫌いである。いくつか演っているが、すべて直している。直したらなんとかなるものしか演らない。大きなネタの人情噺で演っているのは『芝浜《しばはま》』『紺屋高尾《こんやたかお》』『子別《こわか》れ』くらいだろう。

バカみたいに単純な勧善懲悪《かんぜんちょうあく》も嫌いである。落語の中にも『水戸黄門《みとこうもん》』のようなっまらない噺が横溢《おういつ》していてね……。「甚五郎《じんごろう》」シリーズも同様である。

ほかに、めくらの噺も演らない。身体障害者を傷つけるものはだめだという社会の風潮があって、演っても中途半端になるということが一つと、『按摩の炬燵《あんまのこたつ》』なんという、めくらを道具にするような噺は心情的に不快であるということもある。

ま、ひと口にいうと、落語リアリズムがないものは演らないということった。

それとは別に、〝談志《わたし》にはできないから演らない〟というものもある。例えば上方弁《かみがたべん》が必要なものは、私には完璧《かんぺき》にはできないから手を出さない。

過去の名人が見事に完成させたネタであり、それ以上にはできないと思うものも演らない。それらは過去の名人の一手販売《いってはんばい》でいい。家元、こう見えても「聖域」には踏み込まない。曰《いわ》ク、志ん生《しんしょう》の『火焔太鼓《かえんだいこ》』、文楽《ぶんらく》の『船徳《ふなとく》』、三木助《みきすけ》の『味噌蔵《みそぐら》』、円生《えんしょう》の『おしくら』、小《こ》さんの『強情灸《ごうじょうきゅう》』……等々。

演ればできるが、〝そこまで手が回らなかった〟という噺も多い。今さらこの年になって、手をつけることもないだろう、という判断もある。

演ってないネタを片っぱしから並べて、〝演らない理由〟を書いていく（五十音順）。一気にいくヨォ。

『青菜《あおな》』は、「鞍馬《くらま》から牛若丸《うしわかまる》が出《い》でまして、その名を九郎判官義経《くろうほうがんよしつね》」「弁慶《べんけい》にしておけ」という。何で「静《しず》かにしろ」としないのか。このほうが落《さ》げらしい。

過去、演《や》ったことはあるが、最近は演っていない。あまり好きな落語ではないし、「菜《な》をおあがりかい？」なんぞ、面白くも何ともない。

『麻《あさ》のれん』、これは盲人が出てくるから演《や》らない。

『愛宕山《あたごやま》』は、私にとってそれほど面白い噺《はなし》ではない。志《し》ん朝《ちょう》が演《や》ったのを聴いて、きちんと再生できるのだと思ったが、私は再生する気が起きなかった。

『穴泥《あなどろ》』って何だっけ？「三両なら俺のほうから上がっていく」という噺《はなし》か……つまらない。

『鮑《あわび》のし』は、志《し》ん生《しょう》以上にできないから演《や》らない。演っても、ただ直すだけで終わってしまう。志ん生が一番いい。

『按摩《あんま》の炬燵《こたつ》』は、演《や》ればできないことはないが、人間を炬燵にして、そこにあたるという残酷さが嫌《いや》だ。

『幾代餅《いくよもち》』、まったく興味がない。どんな噺《はなし》かよく知らない。本当に知らない。教えてくれなくていい。

『居酒屋《いざかや》』は、金馬《きんば》師匠の一手販売《いってはんばい》である。私は『代《か》わり目《め》』は演《や》るが、『居酒屋』は演らない。どうしても演ってくれと言われれば、演ってもいい落語の一つではある。

『一眼国《いちがんこく》』は、林家正蔵《はやしやしょうぞう》（のちの彦六《ひころく》）の一手販売《いってはんばい》だった。柳朝《りゅうちょう》が演《や》っていたが、それほど面白いと思わない。

『井戸《いど》の茶碗《ちゃわん》』って何だっけ？　よく知らない。

『犬《いぬ》の災難《さいなん》』、これも知らない。

『犬の目《いぬのめ》』は知っているが、落《さ》げがつまらないし、改作する気にもならない。本当の犬の了見《りようけん》で人間を観《み》る、という噺《はなし》にでもできたらいいが……。

『位牌屋《いはいや》』って何だっけ？「じゃ、小さいのは坊ちゃんのにしなさい」というやつか。直すに値する興味ある落語が山のようにあるので、そこからは外《はず》れていったということだろう。

『今戸の狐《いまどのきつね》』。馬生《ばしよう》師匠が演《や》っていたようだが、聴いたことがないので、どんなストーリーかまったく知らない。いや、何か博打《ばくち》の噺《はなし》だったのかなア。それも、知らない博打だ。

『うどん屋《や》』は、小《こ》さん師匠で定着しているところへ、わざ〳〵踏み込むこともないだろう。落《さ》げはいい落げだ。これは『時《とき》そば』と同じで、小さん師匠の一手《いって》販売《はんばい》で充分である。

『鰻の幇間《うなぎのたいこ》』は、私の解釈の対象になる可能性はある。

『厩火事《うまやかじ》』、一口に言えば、つまらない。

『江島屋騒動《えじまやそうどう》』、お家騒動とか、裁きものは嫌い。

『王子《おうじ》の幇間《たいこ》』は研究対象にはなるだろうが、文楽《ぶんらく》師匠のイメージが強い。真似《まね》をするのは、どうも冥利《みょうり》が悪いので演《や》らない。後半はつまらない……。例によって知らない、知ろうとしない、ツ・マ・ラ・ナ・イ。

『おかめ団子《だんご》』、こういう伝記物は嫌い。

『臆病源兵衛《おくびょうげんべえ》』は知らない。

『おしくら』は円生《えんしょう》師匠の一手販売《いってはんばい》だから、手を出さない。

『お七《しち》の十《じゅう》』は、「片足や（私ゃ）本郷《ほんごう》へ行くわいな」という落《さ》げは面白いが、痴楽《ちらく》がつまらないものにしたので、演《や》らなくなった。

『おせつ徳三郎《とくさぶろう》』は『おかめ団子《だんご》』と同様だ。伝記物は嫌いである。

『お直《なお》し』、志《し》ん朝《ちよう》は上手《うま》く演《や》っていたが、私は演る気にもならない。だいたい〝お直し〟という言葉は判《わか》らないだろうし、別の題名にして演るほどのこともない。〝お直し〟が判るように演出したり、演ったりするのが面倒《めんど》臭《くさ》い。

『お神酒徳利《みきどつくり》』は、三木助《みきすけ》師匠が一手《いつて》販売《はんばい》にしていて、面白く演《や》っていた。結構聴けたが、演る気はまったく起きない。とにかくここまで目がいかないし、手も届かない。忙しいし、他に演ることがたくさんあるので、これなどを演っている場合ではない。

『親子酒《おやこざけ》』は、小《こ》さん師匠が演《や》っていたが、私の興味の対象になるのは他にあったので演らなかった。

『お若伊之助《わかいのすけ》』、これは『江島屋騒動《えじまやそうどう》』と同じ理由で嫌い。

『怪談牡丹灯籠《かいだんぼたんどうろう》』や『四谷怪談《よつやかいだん》』などの怪談噺《かいだんばなし》は、バカ〳〵しくて演《や》る気が起こらない。歌丸《うたまる》などはよく演っていると聞く。それは勝手だ。

『火焔太鼓《かえんだいこ》』、志《し》ん生《しょう》のこれは見事。私も演《や》れと言われれば演る。で実際、無理して演ったことがある。客の前ではなく、マイクの前だったがね。けど、『火焔太鼓』は志ん生以外の何物でもない。強《し》いて他を言えば、志《し》ん朝《ちょう》だろう。

『景清《かげきよ》』はめくら噺《ばなし》だから嫌い。

『掛《か》け取《と》り万歳《まんざい》』、万歳ができないから演《や》らない。これを最後まで演ったのは、三〜四年前に死んだ円弥《えんや》であった。「あーらー目出度《めでた》いなァ目出度い」と、昔の三河《みかわ》万歳のあの調子が、私は最後までできないので演らない。

『片棒《かたぼう》』は内容が嫌い。これはケチな親父《おやじ》に対して、倅《せがれ》が派手に使ってしまうという、たとえ話が主《しゅ》になっているが、それが嫌いだ。祭りを語る倅のところも主だが、祭りなんぞ再生したって面白くも何ともない。

『紙《かみ》くず屋《や》』は、何だか判《わか》らない。忘れちゃったくらいだから、演《や》らない。〝チンピはチンピ、カラスはカラス、センコウ紙はセンコウ紙〟てえところを覚えている。

『看板《かんばん》のピン』は、いい。これは演《や》るよ、演れるよ。でも落《さ》げがなア……。

『義眼《ぎがん》』も好きだ。ここまで手が回らないけどネ。酒のサカナに喋《しゃべ》るときもある。

『菊江《きくえ》の仏壇《ぶつだん》』は、小文治《こぶんじ》さんが演《や》ったという歴史は知っている。人情噺《にんじょうばなし》っぽいので、つまらない。

『紀州《きしゅう》』は、落《さ》げがくだらないし、大した地噺《じばなし》ではないからダメェー。

『きゃいのう』は、兄弟子《あにでし》の小《こ》せんが演《や》ったのを観《み》たことがある。興味がなかった。

『御慶《ぎよけい》』、「ギョケイッ言ったんだ」というのを、「何処《どこ》へ行ったんだよ」と引っかけるところは面白いが、語るシーンは『富久《とみきゆう》』で充分なので、わざ〳〵演《や》るには及ばない。

『錦明竹《きんめいちく》』、「わては大阪でんねん」という、そういう大阪弁ができないから、演《や》らない。大阪人が東京人の言葉を使うという演出も面倒だし、その面倒を押してまで演る噺《はなし》ではない。

大阪の噺家《はなしか》相手に、大阪弁で何か一席を演ってみた。で、〝どう? これ上方弁《かみがたべん》になってる?〟に、〝なってますよ、ちゃんと〟と言われた。〝君は同時通訳になれたネ〟とも言われたことがある。関係ねえか。

『汲《く》みたて』は興味がない。「汲みたて持ってきた」という、糞《くそ》の噺《はなし》で汚い。

『鍬潟《くわがた》』、小者《こもの》が雷電《らいでん》を負かしたという短い噺《はなし》だが、人情噺《にんじようばなし》じみてて嫌いだ。

『強情灸《ごうじようきゆう》』と言えば小《こ》さん師匠。小金治《こきんじ》や小三治《こさんじ》が演《や》ったりしていたが、私にはあれはできないこともないだろうが、私は腕が細いので、もぐさを腕に載せて熱がる姿を想像すると、見た目もよくないので駄《だ》ァ目《め》。もし演るとしたら小さん師匠のではなく、志《し》ん生流《しょうりゅう》だろう。

『甲府《こうふ》い』、落《さ》げもつまらないし、真面目になった奴《やつ》の噺《はなし》は、最も軽蔑《けいべつ》するものの一つだから、基本的に演《や》らない。〝演らない〟〝ツマラナイ〟〝くだらない〟〝嫌いだ〟の連発だネ。

『後生鰻《ごしょううなぎ》』。冥利《みょうり》が悪い。子供を放ってしまうというのは嫌《いや》だ。子供の代わりに、子豚を放るくらいならいいが。子供を川に投げて「川にボチャーン」という落《さ》げも嫌だ。

『胡椒《こしょう》の悔《く》やみ』、くしゃみをしたりするというのは、あまり好きではない。だから、くしゃみが上手《うま》くできないと思うから演《や》らない。くしゃみも一発ならできるが、連続は面倒《めんど》臭《くさ》いネ。

『権助魚《ごんすけざかな》』。これは私が大阪で聴いて、米朝《べいちょう》さんにＯＫを取ってこちらに持ってきた。

こちらでみんなが流行《はや》らせて、小遊三《こゆうざ》なども盛んに演《や》ってる。持ってきた若い頃《ころ》は演ったが、いまは演らない。もう卒業。

『盃《さかずき》の殿様《とのさま》』、落《さ》げが見事でいいが、そこへ行くまでのプロセスを覚えていないくらい、縁のない噺《はなし》だ。

『佐野山《さのやま》』も、どちちかというと人情噺《にんじょうばなし》。一所懸命《いっしょけんめい》努力してどうのこうのという噺《はなし》は嫌《いや》だ。

『三十石《さんじっこく》』、船歌を唄《うた》えないから、演《や》らない。私には縁のない噺《はなし》だ。

『三年目《さんねんめ》』、悪い噺《はなし》ではないとは思う。縁がなかったのだろう。

『三枚起請《さんまいきしょう》』、他に演《や》ることがあったので、ここまで手が回らなかった。

『地獄八景《じごくばっけい》』は、米朝《べいちょう》さんが作ったもので、そこへ踏み込むのが嫌《いや》だった。平気で演《や》

って る奴《やつ》の無神経さには、「米朝さんに断ったのか」と怒鳴《どな》りたくなる衝動に駆《か》られる。

『死《し》ぬなら今《いま》』、これは難しい噺《はなし》で、前半は面白くない。いろ〳〵な噺に挑戦していた金原亭馬生《きんげんていばしょう》が演《や》ったのを観《み》たことがある。

『松竹梅《しょうちくばい》』は噺《はなし》が嫌《いや》だ。「なった、なった、嫌になった」とか「亡者《もうじゃ》になられた」なんぞと言う。これを雷門助六《かみなりもんすけろく》さんは、見事に謡《うたい》の調子で演《や》っていたが、私が演るほどの噺ではない。誰か助六師匠みたいに演ってみろ、である。掛け取りの故円弥《えんや》のように。

『尻餅《しりもち》』は、姿がよくない。女房の尻を餅の代わりにするという、その中途半端なエロチックも嫌い。

『素人鰻《しろうとうなぎ》』。これは文楽《ぶんらく》師匠のと志《し》ん生《しょう》師匠のと二つがある。文楽師匠の上手《うま》さを聴くと、とても演《や》る気になれない。ただ、小益《こます》の文楽が実に見事に演っていたので、電話して褒《ほ》めてやった。

『しわい屋《や》』は、私の直す対象にはなる。しかし、ケチの権化《ごんげ》は、なんといっても三《み》木助《きすけ》師匠の『味噌蔵《みそぐら》』だろう。下駄《げた》の片一方《かたいっぽう》を拾って、「台は燃やせばいい」「成る程。鼻緒《はなお》は捨てますか」「勿体《もったい》ない。羽織の紐《ひも》にしなさい」。こういう名言を聴いてしまうと、他にフレーズを探すのは大変だし、手を出さなかった。

『真景累ケ淵《しんけいかさねがふち》』、怪談噺《かいだんばなし》は嫌い。一つことは同じこと、わざ〳〵言うにゃ当たらない、か。

『甚五郎《じんごろう》の鼠《ねずみ》』、甚五郎ものは大嫌いだ。最後に甚五郎が彫ったものだと判《わか》ると決まっている。こういうの、嫌いなのです。『水戸黄門《みとこうもん》』と同様である。

『鈴振《すずふ》り』は、エロの小噺《こばなし》として長く演《や》られていたが、志《し》ん生《しょう》師匠が、直して演っていた。けど、無理があった。小噺としてなら演っても構わないが、長くして演るほどの落語ではない。唯《ただ》、寺の名を並べるだけ。

『粗忽《そこつ》の釘《くぎ》』も、大したことはない。演《や》れと言われれば、演れないことはないが、改作のしようがなく、手も回らないし、面倒《めんど》臭《くさ》いから演らない。

『そば清《せい》』は、『蛇眼草《じやがんそう》』と同じで、三木助《みきすけ》師匠のものだと思っているから、ダメだ。

『代脈《だいみやく》』は、好きではない。嫌いな理由を書いてくれ、といわれても、本当のところは、〝私はなぜあの人が嫌いなのかはよく判《わか》りません。しかし、嫌いなのは確かです〟という文句があるが、そういうこったろう。

ちなみに馬風《ばふう》の『支那《しな》の代脈』というのがあって、お嬢さんの布団《ふとん》の中に手を入れ、手に触り、

「お嬢さん毛深いですネ」

「先生、それは猫の手です」に、

「先生、ゴジョダンバカリ。それ座敷豚《ざしきぶた》」

これには受けた。

支那だから座敷で豚ァ飼っている、ということだ。流石《さすが》「鬼」と仇名《あだな》された先代

鈴々舎《れいれいしや》馬風ではある。

　馬風の改作の話は多くある、いや面白い。

『高砂《たかさご》や』は謡《うたい》ができないから演《や》らない。昔、誰やらの婚礼に行ったとき、挨拶《あいさつ》に観《かん》世《ぜ》栄夫《ひでお》が、〽高砂やァ……と歌《や》った。皆食われたっけ……。〝婚礼に御容赦《ごようしや》〟（つまり「巡礼に御報謝」に掛けてるわけだ）で噺《はなし》は落《さ》げるが、ほとんどはそこまで演らずに終わる。口上が謡調子《うたいぢようし》になり来客一同が謡《うた》う。これが落語家、できないのだ（手前《てめ》えも含めて）。また、演るほどの落げではないということか。でも雷門助六《かみなりもんすけろく》（八代目）はきちんと演った。結構であった。

『突《つ》き落《お》とし』、そのままではあまり面白い噺《はなし》ではない。安藤鶴《あんつる》夫は、『突き落とし』と『居残《いのこ》り』が最悪の噺であると言っていた。つまり、食い逃げの噺であり、人を騙《だま》す噺は非常に不快だとサ。もっと若ければ直して演《や》っていたかもしれない。縁がなかった。

　馬風《ばふう》のは、付いてきた廓《くるわ》の若《わか》い衆《し》を大川《おおかわ》に突き落とし、泳いでる若い衆を見て、「これが本当の水ぎゅう（水牛）だ」。バカ〳〵しくていい。廓の若い衆を〝牛《ぎゆう》太郎〟

と呼ぶ。と、ここまで説明したほうがいいのかネ。

『佃祭《つくだまつり》』、助けられた、救われたという噺《はなし》は、とにかく嫌いだ。

『壺算《つぼさん》』、これはいまだに何が面白いのか判《わか》らない。立川流《うち》の談笑《だんしょう》が直して演《や》るというが、どうなったのか。こんなのが一晩に一席あってもいい。

『鶴屋善兵衛《つるやぜんべえ》』は演《や》ったことはあるが、ネタが多すぎてなんとなく演らなくなっただけ。いまでも演ろうと思えば演れる。大した噺じゃない。『三人旅《さんにんたび》』の終わりの部分だ。

『出来心《できごころ》』も演《や》れるが、手が回らなかったというだけ。「お前も真心に立ち返って悪事に励むてェなら許してやるか」……泥棒の親分のセリフとしてはいい。

『天狗裁き《てんぐさば》』、『羽団扇《はうちわ》』を演《や》ってるので、これを演るには及ばない。

『唐茄子屋政談《とうなすやせいだん》』、『南瓜屋《かぼちやや》』は演《や》っているが、「政談」となると常識的になって嫌《いや》だ。尤《もつと》も『南瓜屋《かぼちやや》』は上方噺《かみがたばなし》の『みかん屋』を四代目小《こ》さんが〝南瓜〟にしたのだ。四代目が『唐茄子屋』を落語研究会で演る、という。で、楽しみにしていたら、なんと政談ではなく『南瓜屋』であった、という粋《いき》な話が残っている。

『時《とき》そば』は、小《こ》さん師匠の一手販売《いつてはんばい》でいいのではないか。ただし、過去に、ハワイへ行って椰子《やし》を買うという設定で、「一つ二つ、三つ四つ、五つ六つ、七つ八つ、これなーに?」「ココナッツ」「十」……と替えて演《や》ったことがある。けど、過去に改作した馬鹿《ばか》々々しい噺《はなし》があった、というだけのことだ。茶飲み話だネ。

『豊志賀《とよしが》の死《し》』、怪談噺《かいだんばなし》は若い頃演《や》った時期はあるが、くどいが、現在《いま》は嫌いだ。この種の噺で演るのは『妲妃《だつき》のお百《ひやく》』と『お紺殺《こんごろ》し』くらいだ。元は七代目一龍斎貞山《いちりゆうさいていざん》。

『中村仲蔵《なかむらなかぞう》』、出世美談なので嫌い。

『夏《なつ》の医者《いしや》』は演《や》ったが、いまは手が回らない。「夏のちしゃは」の〝ちしゃ〟の説明をしないと落《さ》げが判《わか》らない、という理由で演らない。枝雀《しじやく》のがよかった。そして勿論《もちろん》、円生《えんしよう》。

『なめる』、これはエロ噺《ばなし》だが、「もうなめるのは懲《こ》り〳〵だ」なんという、あまりいい噺ではなく、落《さ》げも面白くない。徹底したエロ噺として演《や》るなら演れないことはないが、それはタブーなので演らない。娘がハゲ頭を〝なめる〟ではツマラナイ。やはり男が……女の……。

『錦《にしき》の袈裟《けさ》』、これは演《や》れるネタの一つ。もっと前に生まれていれば、きっと手を出したたろう。結果として、手が回らなかったということ。俺、他に手を出し過ぎたしネ、それで売れもしたしネ。

『にゅう』は、立川流《うちかわりゆう》の談幸《だんこう》が演《や》っているが、落《さ》げがつまらない。円朝《えんちよう》作だというが、内容を聴きたいとも思わない。ツマラナイ〳〵ツマラナイよ。

『睨《にら》み返《かえ》し』は、小《こ》さん師匠の顔を思い出すと、とてもできない。あの顔は小さん師匠にしかできない。私は落語家的な面相ではないので余計難しい。でも表情の研究は鏡を見てよくやってた。色川武大《いろかわたけひろ》さんに褒《ほ》められた。〝兄《あに》さんのクサッた顔がいいネ〟〝色川さんに受けるために創った顔だ〟云々《うんぬん》。これ、何かに書いている……。

『抜《ぬ》け雀《すずめ》』。人情噺《にんじようばなし》っぽいところと、『水戸黄門《みとこうもん》』的なパターンが嫌《いや》だ。

『猫忠《ねこただ》』、芝居が好きではないし、芝居もどきの台詞《せりふ》があるから演《や》らない、できない。円生《えんしよう》師匠の領域だ。

『猫《ねこ》の災難《さいなん》』は落《さ》げもいいし、興味の対象にはなる。演《や》って演れないことはないが、これも手が回らなかったということ。小《こ》さん師匠に限る。

『羽織《はおり》の遊《あそ》び』、つまらないし、落《さ》げもないので演《や》らない。円生《えんしよう》師匠が演った。もっともこの師匠、何でも演った。でも私同様、演らない噺《はなし》もある。〝円生師匠が演ったら面白くなりそうだ〟てのもあったけど。

『初天神《はつてんじん》』、春風亭柳枝《しゅんぷうていりゅうし》師匠のものが見事なので、とても手を出せない。そのギャグが頭の中にこびりついている。

『反魂香《はんごんこう》』、香《こう》をたくと、死んだ愛する人が出てくるというやつだが、たいして興味のある噺《はなし》でもない。それでなくても私はネタが多くて有名で、とても手が回らない。上方《かみがた》では『高尾《たかお》』と称し、現在《いま》の春団治《はるだんじ》の十八番。

『びっこ馬《うま》』は『三人旅《さんにんたび》』の一部。いい噺《はなし》でもないし、わざ〳〵演《や》るほどのネタではない。若い頃、噺家《はなしか》がみんなびっこ馬の形を真似《まね》して演っているのを見て、不快だった。

『引《ひ》っ越《こ》しの夢《ゆめ》』、女中のところに夜這《よば》いに行く噺《はなし》。見つかってはいけないというので、立ったまままいびきをかいているという、ナンセンスにもリアリティにもならない噺で無理だし、嫌いだから演《や》らない。

『一人《ひとり》酒盛《さかも》り』は、憧《あこが》れの噺《はなし》だが難しい。だん〳〵だん〳〵酔ってくるところを完璧《かんぺき》に見せなければならない。談志イリュージョンをぶち込めば演《や》れないこともないが、円生《えんしょう》師匠のものが焼きついているので追わなかった。

昔、前進座《ぜんしんざ》の中村翫右衛門《なかむらかんえもん》が○○の芝居で酔ってくところを演じたが、円生師匠のほうがよかった。○○って、調べりゃ判《わか》るが面倒だ。そっちで調べてみてくれ。退屈しのぎにゃなるよ。

『干物箱《ひものばこ》』は文楽《ぶんらく》師匠のものが焼きついているから、手を出さなかった。

『百年目《ひやくねんめ》』は人情噺《にんじようばなし》に近いので嫌い。死んだ円楽《えんらく》は、こんな噺が好きだった。

『不動坊火焔《ふどうぼうかえん》』、演《や》ったことはあるが、落《さ》げがあまりよくない。演るなら直す必要があるが、時間がない。

『船徳《ふなとく》』は、船を漕《こ》ぐところ、船中で煙草《たばこ》を「早くお点《つ》けなさいよ、火を。なんで火を引っ込めるんだ」等々、文楽《ぶんらく》師匠のものがいい。「お〜い、徳さん、一人かい？大丈夫かい？」というフレーズが、私の中に残っている。これは、文楽師匠でいい。

当時、衆議院議員でミノファーゲン製薬創業者の故宇都宮徳馬《うつのみやとくま》。円楽《えんらく》が昔、宇都宮さんが自由党から飛び出して独《ひと》りになったとき、「〝お〜い徳さん、一人かい？　大丈夫かい？〟と演《や》った」という（ウソ）。演ったら面白かったけど、周囲《まわり》じゃ判るまい。

『文違《ふみちが》い』もいい噺《はなし》で、演《や》って演れないことはないが、志《し》ん朝《ちょう》が上手《うま》く演っていたので、今さら私が踏み込むことはないと思っている。

『棒《ぼう》だら』、『野晒《のざら》し』で売った春風亭柳好《しゅんぷうていりゅうこう》の見事なものを聴いている。柳好のを聴いたなら、とても演《や》れない。『野晒し』の柳好、松本亀太郎《まつもとかめたろう》。私にはできない。現在《いま》、柳好流の『棒だら』をできる人はいない。いや、知らない。小《こ》さん師匠のは違う。どう違うか……面倒だしネ……。

『松山鏡《まつやまかがみ》』は文楽《ぶんらく》師匠がよく演《や》っていた。荒唐無稽《こうとうむけい》さがなく、民話をそのまま忠実に落語化しただけで、好きではない。

『水屋《みずや》の富《とみ》』、「金を隠して、なくなってよかった」という内容と落《さ》げがつまらない。金が当たった喜びは、『富久《とみきゅう》』などで演《や》っている。「なくなってよかった」は、実感として判《わか》らないことはないが、これを縮めてジョークにしようという気も起きないくらい、大した落《さ》げではない。ひょっとしたら、深いのかも知れない。けど、哲学そのものを語る噺《の》じゃないからネ。

『妾馬《めかうま》』、人情噺《にんじょうばなし》的で、泣くところが嫌《いや》だ。それを与太郎《よたろう》にして演《や》ったか、考えたか、そういう記憶はある。お袋が泣いてどうのという、それをピークにしていた円生《えんしょう》師匠、またそれを真似《まね》している連中。面白くも何ともない、嫌いな噺《はなし》だ。

『もう半分《はんぶん》』、題名だけはよく知っている。けど、いま書きながら、内容をそばにいる弟子に訊《き》いてるくらいだから、頭の中にはまったくなかったということ。

『元犬《もといぬ》』には、犬から見た人間の姿が、ギャグとして多少入っているだけで、きちんと描かれていないという欠点がある。人間が、犬が人間になったことを不思議がったり面白がったりしているだけで、犬のほうから見た描写がまったくない。動物の本能のしたたかさが描かれていない。私が直せばイリュージョン落語になって、まったく違う『元犬』にできるだろうが、毎度いうように、そこまで手が回らない。元気になって、その気になるようなことがあったら、思い出して演《や》ってみようか。

『百川《ももかわ》』が、円生《えんしょう》師匠の作品の中では一番いいと言った人もいる。面白くていい噺《はなし》で、演《や》りたいと思うが、手が回らない。

『柳田格之進《やなぎだかくのしん》』は、若い頃、楽屋のネタ帳に書いてあるのを見ているから知っているが、どんな噺《はなし》か知らない。どうせ出世噺《しゅっせばなし》のようなものだと思うから興味が起きないネ。

『藪入り《やぶいり》』は、親子の情をしきりに出して、小三治《こさんじ》が演《や》っていたが、藪入りの説明、ネズミを捕ると懸賞がもらえるという説明が面倒だ。変な人情噺《にんじょうばなし》の泣き入りも嫌いだ。

『夢の酒《ゆめのさけ》』、夢から覚めて「飲んどきゃよかった」という、大した噺《はなし》ではない。

『湯屋番《ゆやばん》』は、私らしくできる自信はあったが、手が回らなかった一つ。

『淀五郎《よどごろう》』も『中村仲蔵《なかむらなかぞう》』と同《お》んなじで、出世美談だから演《や》らないが、一龍斎貞丈《いちりゅうさいていじょう》

（柳下政雄《やぎしたまさお》）先生のはよかった。円生《えんしょう》師よりリアルであった。〝お前の判官《はんがん》（忠臣蔵《ちゅうしんぐら》）は肩が下がってない〟と言われて煩悶《はんもん》するところ、貞丈流のほうがいい。

『悋気《りんき》の独楽《こま》』は大阪のネタで、死んだ弟子の文都《ぶんと》が演《や》っていたけれど、面白い噺《はなし》ではない。改作する気にもならない。

『悋気《りんき》の火《ひ》の玉《たま》』、文楽《ぶんらく》師匠が演《や》っていたが、「あたしのじゃ気に入らないでしょう、ふん」は、いい落《さ》げである。文楽師匠をずっと聴いていたから、演ることができなかったのかもしれない。

と、いろ〳〵、好き嫌いの噺《はなし》を並べてみたが、別にどうということもない。けど、噺家《はなしか》は〝演《や》る〟という勉強をしない。興味がないのか、頭がワルくてできないのか。たとえ演っても、馬鹿《ばか》が改作などするから、どうにもならない。〝馬鹿〟とは情況判断を間違う奴《やつ》のことをいう。情況判断が違うから、結果もまた間違う。これを称して〝馬鹿〟という。

音楽屋の符丁《ふちょう》で〝カーバァ〟という。実に能がない音楽屋の符丁である。

第二部

談志の落語　最近版

＊　第二部は、立川談志の高座音源を原稿化し、最小限の修正のみ加え、ほぼそのまま収載したものです。

粗忽長屋《そこつながや》

一人の男が浅草《あさくさ》の観音様《かんのんさま》へお参りをして、仁王門《におうもん》のところまで行こうと。すと、大勢の人が集《たか》っててネ……。

「これ、みんな、集《たか》ってますけど、これ、中は何です?」

「さァー」

「え?」

「さァー」

「なんだい、〝さァー〟って。雨みたいな音だな、えェ? 何だい、〝さァ〟ってのは」

「いや、〝さァ何ですか〟ってことだよ」

「なら、〝さァ何ですか〟って言え。〝さァ〟だけじゃ判《わか》んねえじゃないか」

「あ、そォお? 〝さァ〟ってのじゃ、判んない?」

「判んないよ。言葉はちゃんと言わなきゃ駄目《だめ》だい」

「変な人だネ、おい」

「見たいですねェ」

「まぁ、見たいからみんな集《たか》ってて、また見てる人もいるんだろうけど、これだけの人込みだからね」

「これ、立ってると見られるんですかネ」

「そりゃ判りませんわな」

「判らないのに立ってるってのは、どういう気持ちなんですか？」

「変な人だね、おい。そのうちに見られるんじゃないかと思うから、立ってるんですよ」

「そのうちに見られなかったら、どうするんですか？」

「妙に理屈っぽいね、お前さんの落語は……。そんときは諦《あきら》めるよ」

「〝諦める〟ったって……、どうやっても見たい、どうやっても……。

これ、中は何です？」

「判らねえよ」

「あ、この人も判んないんだ。

あなたも、中が判んないんでしょう？」

「そのとおりだよ」

「そのとおりだってやんの……誰《だれ》か知ってる人が……何処《どこ》かに……」

「知ってますよ、行き倒れですよ」

「あァ、〝行き倒れ〟。はァ……見たいですね」

「見たいからみんなこうやってんだけどネ。これだけの人じゃァね」

「どうしたらいいですか？」

「上ェ飛んでったらどうだい？」

「なるほど……上をね……羽《はね》がないから飛べないよ」

「本気じゃない、洒落《しゃれ》に言ったんだよ」

「あ、洒落かァ……。俺、〝本気〟だと思うからネ、〝洒落じゃねえ〟と思うからネ、羽が生えてねえのはいけないのかと思って、驚いちゃった。飛べなきゃどうする」

「潜《もぐ》んな」

「潜る？　地べたを？」

「〝地べたを〟って、モグラじゃあるめえし、地べた潜るかよ、えェ？　股座《またぐら》の下かなんか、こう通っていけば……」

「あァ、なるほどね、足の下を潜《くぐ》るってやつね。ウフ、フ、ヨオッ！」

「何が〝ヨオッ〟だ……」

「あの、チョイ〳〵……」

「何だい？」

「はい、初めまして」

「私はあのネ、この中のものを見たいんですよ、行き倒れっつうのを」

「ん？」

「私も見たいんだよ」

「だけど、あなたの〝見たい〟より、私の〝見たい〟ほうが、ことによると大きい〝見たい〟ではないかと思うんです」

「だから何だい」

「だから飛べないから、股を潜《くぐ》ってでも行きたいという気持ちなんですよ、私は」

「〝潜る〟ったって、ダメだよ」

「〝ダメだ〟ったって、ちょいと脚《あし》を広げてくれりゃァ……」

「えェ⁉」

「ダメならダメでやるだけだ……」（と言いながら、大勢の股の下を潜っていく）

「ウワー」「ウワー」「ウワー」「キャー」「ウワー」「ウワー」「ウワー」（潜られた人たちの驚きの声）

「泥棒！」

「おや？〝ウワー〟の〝キャー〟のはいいが、〝泥棒〟は許せねえぞ。いつ俺が何かを盗《と》った？」

「盗ったじゃねえか。この野郎」

「何盗ったい」

「俺の股座《またぐら》に貼ってあった、おできの膏薬《こうやく》を頭で剝《は》がして持ってった」

「コレだ……汚《きたね》えな。

あ……チョイ〳〵〳〵……。

……どうも」

「変なとこから出てきちゃダメだよ、あんた……まぁ、いいや。

みんな散っとくれ〳〵、もうきりがないよ。ずっと見てたって、モノは変わらないんだから。なるだけ新しい人にも見てもらわなきゃダメだから……。行っとくれよ、替わっとくれよ。

あなた、いま来たんだから、こっちへ来なさい」

「どうも、ありがとござんす」

「いや、礼を言うことはないんだ。行き倒れだよ」

「あ、そうですか。行き倒れを演《や》るんですか?」

「え? 〝行き倒れを演る〟……って、そういうもんじゃないよ。見てごらんよ」

「何処《どこ》?」

「その……菰《こも》ン中に……」

「あ? 菰? あ、これね。頭ァ出てやがる……。

バカヤロウ、おい、いつまでも寝てんじゃない、起きろ〳〵。大勢見てるよ。起きて〝行き倒れ〟を演んな」

「変な人だね。〝行き倒れを演れ〟って？　死んでるんだよ、この人」

「じゃァ、〝死に倒れ〟じゃねえか。なんで〝生《い》き倒れ〟と……」

「変な問答《もんどう》を仕掛けてきたね。生き悩んで死んで、〝行き倒れ〟ってンだ」

「あァ、そう。どのくらい悩んだのかね」

「そういうことはよく判らないけどもね。で、知ってる人かね、知らない人かね？　懐《ふところ》を改めても書付《かきつけ》一本出てこなくてね。何処《どこ》の誰兵衛《だれべえ》だか判んなくて、みんなに見てもらったんだけど、みな〝知らない〟って言うんだよね。で、お前さんは知ってるかい？」

「あァ、判ったヽヽ、言ってることは。知ってる人か知らない人か、俺が見てどっちか言えばいいんだ」

「ま、そういうこったけどね」

「ふぅーん、なるほどね……。うん……これか。向こう向いて死んでるね。何か世の中にきまりの悪いことがあったんだね」

「ンなこたァないよ」

「なんで〝そんなことない〟って簡単に言うの。やっぱり胸を張って生きてる奴《やつ》と、悪いこととして生きてる奴ァ、どっか違う。世に障《さわ》ってる奴ァね、死ぬときも向こうのほう向いて死ぬらしいよ」

「ふーん……まァ、いいけどネ」

「よかないよ」

「知ってる人か知らない人か、それを見てもらいたい」

「見るよ」

「向こうからこう回るとか……。こうやって、こう……」

「ややァ!? バオゥ……」

「うん？ 知ってる？」

「知ってるもいいとこだよ、熊《くま》、熊公《くまこう》、脳天熊五郎《のうてんくまごろう》」

「んん？ フルネームで言ったね、おい。知ってるのか」

「知ってるもいいとこだよ、俺と兄弟分だもん、隣同士だもん。おれが壁をコン〳〵って叩《たた》いたり、板ァ叩くと、いつでも向こうからコン〳〵って返ってくる。コン〳〵様の間柄、ええ……。

あー、おー、弱ったな……」

「あ、そう。いや〳〵、よかった……って、そういうわけじゃないけども、何処《どこ》の誰だか判らなくて、これ、どうしたらいいかと……。あ、そう、じゃァお前さん、さっそく帰って、家《うち》の者に、つまり女房、女房に知らせて……」

「女房はねえんだ、こいつ。独身者《ひとりもん》だ」

「ふーん。じゃ、お子さんとか何とか……」

「女房がなくて何で子がいるの？」

「あァ、そう。じゃ親類……」

「親類いないよ、一人ぼっちだよ、こいつ。俺は友だちだけど」

「じゃァ家主《おおや》さんとか……」

「家主は引きとらない、不実な奴だからね。とにかくね、海苔屋《のりや》の婆《ばば》ァが死んだんだ、六十八だよ。香典《こうでん》一つ持ってかないよ。線香もあげに行かないよ。聞いたら店賃《たなちん》が四つ溜《た》まってたって。いいじゃねえか、長いこと払ってたんだし、死ぬ前の四ヵ月くらいのものは……。俺許せねえよ……あんた、どう思う？」

「その話じゃないんだ、こっちはそのォ……この……」

「そういうこと言っちゃダメだよ。そういう話は大事な話だよ、家主はまだ生きてんだから。こっちは死んじゃったけど。よくない、家主《あいつ》は。ダメッ」

「あー、それじゃ誰もいない……」

「誰もいないよ、天涯孤独《てんがいこどく》って言葉知ってる？」

「知ってますよ」

「それだよ、こいつ。可哀相《かわいそう》だよ。世の中でこ奴《やつ》が一番可哀相。で、二番目が〝マッチ売りの少女〟、三番目が〝安寿《あんじゆ》と厨子王《ずしおう》〟だ」

「あ、そう。じゃァ、あんたネ……、友だちなんだから……」

「俺は、友だちだよ。こいつと俺とは〝竹輪《ちくわ》の友《とも》〟なんだから」

「〝竹馬《ちくば》の友《とも》〟ってンじゃない」

「えェ？　だって、こいつとは、おでん屋で知り合ったんだよ。こいつと俺とは、もう、生まれるときは別々でも、死ぬときは別々だって仲だ」

「〝生まれるときは別々でも、死ぬときは一緒〟っつうンじゃないの？」

「何で？　何で俺がこいつと一緒に死ななきゃならないんだ？　……と、俺もここで死んでなきゃならないじゃねえか」

「まァ、まァ、まァ、まァ。……いいよ」

「よくないよ、そんなもの。……ダメだよ」

「それじゃァ、お前さん、死体《これ》引き取ってくれるね」

「いいよ、ちゃんと引き取るよ。兄弟《きょうで》え分なんだから。だけど、俺は当人のほうがいいと思うね」

「えエ？　何？」

「当人のほうがね、一番だと俺は思うよ。うん」

「えエ？」

「人の話を聞いてんのか、この野郎。〝当人〟だよ」

「〝当人〟って誰？」

「熊公。脳天熊だよ」

「え？」

「脳天熊五郎、熊ちゃん」

「ン〜……〝熊ちゃん〟て、誰？」

「だから熊ちゃんは、熊公だよ」

「ちょっと話が判んなくなってきた……。待ってくれ、二人いるの？」

「いないよ、一人だよ。俺の知ってるのは、世界中探しても、日本中、支那《しな》中探しても……何処《どこ》かにはいるかもしれねえけどさ。俺は知らないよ。とにかく、俺の知ってるのはこいつだけだよ」

「だけど、〝こいつだけ〟を誰が……？」

「くどいなァ。当人に引き取らせるのッ」

「うゥーん。……と、その当人は何処にいるの？」

「家にいるよ」

「いる？」

「いるよ。〝お参りに行こうか〟って言ったら、〝腹を下《くだ》して気分がすぐれねえからイヤだ〟っつってンだよ。あァ、そう言ったんだ。それで俺ひとりで来たんだ。いるよ、あいつ。無精《ぶしょう》だから」

「あァ、それで判った。違うよ、これ。この人は、昨夜《ゆんべ》から此処《ここ》ンとこへ倒れてんだよ、ねッ？」

「だから何だい」

「いや、お前さんは今朝《けさ》会ってんだろ？　この人は昨夜から倒れて此処にいるんだよ。だから違うだろ？」

「〝違うだろ〟って、違うことを相手に押し付けちゃダメだよ、えェ？　〝違うだろ〟って、違ってることを言ってるのに、相手に〝違うだろ〟って威張《いば》っちゃダメだよ、お前さん」

「……どうも、何か話がかみ合わないんだがな……。そのォ、その家に何しに行くの」

「だから、当人がこうなってるってことを知らないんだから、当人に知らせるのが一番だろ？　ねッ？　俺は確かめに行くんだ。確かめるぞ。聞いてみりゃ手前《てめ》えのこったから判るんじゃねえか？　なッ？　判りゃ来るんじゃねえか、来てみりゃ自分のこったから判るじゃねえか、ピッタリじゃねえか。……お前がどう言ったって、お前の負けだい」

「私は勝ち負けであんたと話をしてんじゃないのよ、えェ？」

「だからよ、頼むよ。連れてくるから、他の奴に渡しちゃいけねえぞ。

　ごめんよッ」


「行っちゃった……」

「何です？　ありゃ」

「気狂《きちが》いじゃないですか？」

「う～ん……。あんた、そう思う？」

「いや、私はそう思わないな。ことによると、あの人連れてくるかも知れないよ」

「あんたね、変なこと言っちゃ困るよ」

「おう、戸が締まってやがら……。おい、〈ドン〳〵……〉開けろ、熊公、熊、ダメ熊ッ」

「戸袋《とぶくろ》叩いてやん……。そそっかしいな、あいつは。

……そこは戸袋、我はこれ」

「何が〝我はこれ〟だ。くだらないこと言ってやって……。

よん、やい、おゥ！」

「何が〝おゥ〟だ」

「コノヤロウ、やりやがったなァ、手前《てめ》え……」

「うりゃ？　何かしくじった？」

「しくじったもいいとこだ、大しくじりだよ、お前《め》え、えェ？　お前、頭に浮かばない？」

「うーん、何だろうなァ……。あんまりしくじったことは……ないなァ。……四年ばかり前にちょっと親方に小言《こごと》を食らったけど……」

「そうじゃないよ、昨日《きのう》から今日にかけてだよ」

「うーん、何だろな。……何？」

「〝何？〟って、お前……。ン……だから……話してやるから驚くな。いいか、よく聞けよ。な、ちゃんと聞けよ。腹ァ下してねえだろうな」

「え？」

「いや、腹ァ下してるとね、〝違う〟って言った奴がいたからね、それで言っただけなんだけど。……今朝《けさ》、行ったろ、あそこへ……」

「何処《どこ》へ？」

「〝何処へ〟って、お前に〝行こう〟って言ったら、〝行かねえ〟って言ったじゃないか。ほら、あそこへこう行って、ほら、こんなことやってよ、こんなことやったりなんかして、こんなことして、こうやって、ほら……あそこへほら、えェッ、うぅ……。あそこだよ、ほら、あの……ドサクサ……じゃない、あの……おい、なんか言ったらどうだ、お前も」

「……大根おろしか」

「……なんで大根おろしなの」

「〝何か言え〟って言うから、とりあえず言わねえと、お前、怒るから、〝大根おろし〟って……」

「殴るぞ、こん畜生《ちくしょう》め、えエッ？　……あァ、浅草だよ、浅草の観音様ァ行ってな、お参りして出てきたら、あそこの境内《けいだい》でもって人が大勢集《たか》ってやんだよ。〝何だ？〟ったら、〝サァ〟ってやんの。雨じゃあるめえし、〝飛んでけ〟〝サァ〟って奴があるかい、ってね。……判《わか》らねえったってしょうがねえじゃねえか。〝飛んでけ〟って言うけど、飛べねえよ。〝潜《もぐ》れ〟ってやんのよな、あァ。したら〝おでき〟だよ。冗談言うなァ、コノヤロウ。菰《こも》にくるまってやがってよ。よく見たらどうにもなんねえんだよ。諦《あきら》めな、お前も」

「……何を？」

「そっくりだよ、間違いない。着物から何からな。うん、間違いないよ」

「よく判らねえんだけどな……。な、何？　……」

「〝何？〟って、浅草行って人が集《たか》って菰の中に入ってる……となって、判らないの？　お前」

「それ何？　乞食《こじき》？」

「乞食じゃないよ、死人《しびと》だよ」

「ほォー、それがどうしたの？」

「おい、しっかりしろ、おい。〝それがどうしたの？〟って……大丈夫か、お前。しっかりしろ、落ち着け」

「落ち着いてるよ」

「え、うゥ……じゃ、ズバッと言うよ」

「うん」

「いいか、お前、昨夜《ゆんべ》死んだよ」

「ウハ、ハ、ハ、ハ……」

「何が〝ウハ、ハ、ハ〟だ、バカヤロウ。俺は今、お前が死んだのをこの目で見てきたんだもん」

「俺、死なないよ」

「〝死なねえよ〟ってことはねえだろう。人間ってのはいつ死ぬか判らねえ、必ず死ぬんじゃねえか、えェ？　漬物屋《つけものや》の小僧なんざァ十一で死んだじゃねえか。いつか死ぬよ。〝死にたくねえ〟ってのと、〝死なねえ〟とは違うよ、うん。死んだんだよ。この目で見たんだから、俺。他の奴じゃねえんだ、俺が見たんだよ」

「だって、俺死んだような心持ちしねえもんなァ……」

「それは、最初《はな》はしないよ。初めてだから判んないんだよ。そのうちにだん〳〵だん〳〵こう落ち着いてきて、〝あー、死んだんだな〟っていうふうに判るようになるんだ。俺はそう思うよ」

「うーん……」

「だってお前、昨夜《ゆんべ》何処《どこ》へ行ったよ、おい」

「吉原《なか》へ素見《ひやかし》に行ってね……」

「で？」

「帰りにね、馬道《ンまみち》ンところでもってね、ちょっと店があったからそこで酒ェ飲んで、烏賊《いか》の下足《げそ》かじってね、飲んだのかなァ……。あ、気持ち悪くなっちゃって、吐《もど》したよ、俺。……あそこから観音様の脇《わき》ィ抜けてくるまでは覚えてるんだ。あとはどうして帰ったのか、気がつくと家《ここ》にいるんだよ」

「そォれ見ろ。それが何より証拠じゃねえか。悪い酒食らって、烏賊かなんかにあたって、お前《め》えは倒れて気持ち悪くなって、観音様の脇に来た頃には、どうにもなんなくなって倒れちゃった、えエ？　それを忘れて、お前は帰ってきて、いま家《ここ》に……。だってお前、気持ち悪いだろ？」

「よくない」

「〝よくない〟じゃない。気持ちが悪いだろ?」

「いや……」

「〝よくない〟じゃないんだよ。〝気持ちが悪いだろ〟ってンだよ」

「悪いよ」

「悪いよ。死んだんだから、いいわけねえじゃねえか」

「そうかな……」

「〝そうかな〟って、おい……。他の奴が言ってんじゃない、俺が言ってんだよ。他の奴が言ったんならいい、お前が仮に死んでなくても。〝それは違うんだ〟とお前の思うとおりに言っていいよ、なッ? 仮に死んでても、〝俺は違うんだ〟って……。けど、俺とお前は兄弟分だよ、なッ? その俺が言ってんだよ」

「だから困ってるの」

「〝困ってる〟って、諦《あきら》めりゃいいじゃねえか。男だよ、〝死んだんだ〟って、諦めろ」

「うーん、死んだのか」

「死んだ」

「うーん、そうか、死んだんだ……。あー、死んだんだ……死んだんだ」

「死んだんだ」

「うーん、ねえ……」

「何だい」

「……どうしよう？」

「〝どうしよう〟って、これから行くんだよ。で、来たんだ、俺は」

「何しに？」

「死骸《しがい》を引き取りに」

「誰の？」

「お前の」

「……俺の？」

「そうよ」

「んー、だけど、昨夜《ゆんべ》から気がつかねえってとこへ、今頃行って〝気がついた〟ってのは、なんか体裁《ていさい》悪いなァ……」

「体裁がいいも悪いもねえじゃねえか。まごくしてて、他の奴に持ってかれてみろ。行くとこなくなっちゃうよ、お前。言いなよ、俺、言ってやるよ、なッ？　で、〝こいつはそそっかしい奴なんだ〟って、俺、〝こうくいうわけで〟って。そしたら〝こ判んないから俺が教えてやった。俺は兄貴分なんだから〟と、俺が行って全部説明して向こうに納得してもらうから。お前そこで、〝どうも昨夜《ゆんべ》からお世話になりました〟って一言いってくれるってえと、俺の顔も立つ。行こう」

「う……そのォ……行くべきか……」

「何が〝行くべきか〟だ、コノヤロウ。ハムレットみたいなこと言ってる場合じゃねえ、こん畜生《ちきしよう》」

「……なんでハムレット？」

「何でもいいよ、そんなもの。だから早く、早く、早くしろ」

「今、着替え……」

「着替えなんぞしなくったっていいんだ、こん畜生め」

「だけど死ぬときは立派に……」

「煩《うるさ》いってンだ、バカヤロウ。死んだんだからいいんだよ、もう」

「今、草履《ぞうり》……」

「草履なんぞ要《い》らないよ」

「ケガを……」

「死んだ奴がケガなんぞ驚くこたァねえ、こん畜生め。早く行こう、早く」

「コノヤロウ、猶予《ゆうよ》もあるか、ホントに。いいか、何度も同じこと言うようだけど、もし他の奴に持ってかれたら、どうしたら〳〵いいの、お前。このままずっと死んでるってこと、考えられるか？　えエッ？　死んでるのに、俺と喋《しやべ》ったり、家《うち》にいたりなんか、してらんないよ。死んだから、何処《どつ》かに行けるんだけど、死んでんのに死ななかったら、お前はどうすんの、バカヤロウ。そういうとこへ行って……空の星になっても、俺のことちゃんと見てて、〝しっかりしろ〟なんて言ってくれよ、頼むよ。

……しょい、しょい……当人、当人……どいてくれ、どいてくれ……どけィ」

「痛《いて》え」

「どけィ、どけィ」

「痛ィ、痛ィ」

「どけィ、どけィ、どけィ……」

「痛ィ、痛ィ、痛ィ……」

「ヘンに漫画チックな奴がいやがんな、コノヤロウ。いいから入ってこいってな。

……どいつくれ〳〵。

……あ、どうも、先ほどは……」

「また来たよ、おい。困ってんだよ、〝本人を連れてくる〟って言って……。

……どうした？　いなかったろ？　え？　……〝いた〟？　〝いた〟……それで、連れてきたの？　……何を？」

「当人ですよ、えェ。いや、自分でも自分のことォよく判らないんでね、最初は〝死んだような気がしない〟なんつってましたけど。そりゃ判りますよね、死ぬのはいやだしね、初めてだしね。で、馬鹿《ばか》じゃないんですからあたしが順に〳〵話をしてるとね、〝死んだ〟ということになりました。普段から〝今日は生暖《なまあたた》かいけど、兄貴、そう思っていいかね〟なんてそういうことまで聞く奴ですからね。いくらかちょっとアレですが、馬鹿じゃないんです、大丈夫です。

……オーイ、こっち、こっち、こっち……。入ってこい。この小父《おじ》さんに世話になってんだから、何か言わなきゃ駄目だい」

「……どうもすいません。悪気も何もないんです。気がつかなかっただけなんです。いま兄貴に言われて〝死んだんだ〟ということで……」

「オイ、同《お》んなじような人がもう一人増えちゃった。冗談じゃないよ、おい。〝行き倒れの当人だ〟っつってますよ」

「だからあたし、言ったじゃないですか。〝連れてきますよ〟っつったろ?」

「よせよ、バカなことを言って。

……あんた当人?」

「はい」

「死んだの?」

「はい」

「何処《どこ》で?」

「此処《ここ》で」

「なんで?」

「飲んでね、悪いもの食べて当たって、ここで死んじゃった」

「うゥー、弱ったね、おい。どうしよう。

……見てごらん、あの、これをとにかくご覧なさい」

「なまじ死に目に会わないほうが……」

「見ろよ、見ろよって。向こうも安心できないんだから、見ろ、見ろ」

「何だか嫌《いや》な気持ちになってきちゃったなァ……。俺、どうしたらいいだろう……」

「〝どうしたら〟って、とにかく見なきゃ駄目だよ、見ろ、見ろ、ほら。俺も一緒に見てやるから」

「どれ？　これ……これかァ……。これ、これが、こ、こ……これが俺かァ？」

「そうよ。着物の柄《がら》から何からそっくりじゃねえか」

「俺かなァ？」

「おや？」

「顔《つら》が少し、こう……長いような気もする……」

「死に顔は伸びるよ」

「……」

「おい、終《しま》いには怒るよ、お前、えェ？　往生際《おうじょうぎわ》が悪いっていうか、男らしくねえっていうか、お前いい加減にしてくれよ。よく言うじゃねえか、お前。〝毎朝顔を洗わなけりゃ駄目だよ〟と……ね。髭《ひげ》なんぞ剃《そ》らなくてもいいが、髭を剃りゃァなお結構。髭を剃ることとか顔を洗うことがよいことっていうよりも、髭を剃りゃ、どうしたって鏡見るようなことになるじゃねえか、なッ？　そいで鏡ィ見るといつも自分の顔を見てるから、〝自分〟というものが判るんだよ。だから町で自分に会っても、〝あ、これは俺だな〟ってのが判るんだよ。

お前は自分の顔が判んないから〝違う〟なんつってンだよ。俺なんか、毎日髭を剃ったりなんかするから、俺は何処《どこ》で俺に会ったって、〝あァ、あれは俺だな〟って判る。お前は判んないんだ。お前のことが判って俺のことが判って、両方判る俺が、死体《これ》を見て〝お前だ〟って言うんだから間違いないじゃねえか。死んだんだよ。死んだ、死んだ……」

「死んだ……」

「ほら見ろ、死んだじゃねえか。死んだだろ？　判った？」

「うん……うぅ……うぅ」

「泣いてるよ、おい。泣いたってしょうがないよ」

「何言やがんだ、こん畜生め。えェッ？　悲しみなんて、死んだ者でなきゃ判るかい、馬鹿野郎め」

「いいから、抱け〳〵」

「うん、うん」

「〝うん〟じゃねえ。抱け、ほら、抱いてやるから」

「はァ、そうか……。人間は何処《どこ》で何ンなるか判らない。もっと何か食っときゃよかった」

「ンなこと言ったってしょうがないよ。とにかく抱け」

「抱いて……う……あ……あ……」

「おい、こ、困るよ、ダメ〳〵、手ェ付けちゃダメ。ダメ〳〵、駄目だよ。えェ、おい。しようがねえな、抱いてみて顔見て判らないってことは、死体《これ》はお前さんじゃないから」

「煩《うるせ》えッ。さっきから、ぶう〳〵ぶう〳〵言やがって、こん畜生め。コノヤロウ、えェ？当人が見て〝当人だ〟っつってンのに、グズ〳〵言うこたァねえじゃねえか。バカヤロウ、何言ってやんだ。

抱け、抱け、遠慮なく。俺が引き受ける。抱け、抱け」

「自分のものを自分が抱いて、何もグズ〳〵言われることは、ないよな。だから俺は自分のものを抱いて。

……何だかよく判んなくなってきたぞ」

「何が」

「抱かれてんのは確かに俺だけど、抱いてる俺は誰だろう……」

（二〇〇七年四月二十四日、よみうりホール）

偉いよ俺は、昔からこんな言い訳ができること、そしてくどいが『粗忽長屋』を『主観《しゆかん》長屋《ながや》』に変えたことだ。

友人の一人に、「この噺《はなし》ツマラナイと思っていたが、こんなに面白いとは知らなかった」と言われたっけ。

毎度言う、田《た》辺《なべ》茂《も》一《いち》先生の名言がある。私の「先生の話は自慢話ばかりで……」に、

「これでもずいぶん抑えているんだ」

この体験がバックにあるもんで、つい〳〵、そのォ……。ま、なんでもいいや、ハイ、オシマ

イネ。

書いてる俺は一体誰だろう。

鉄拐《てつかい》

支那《しな》の上海《シャンハイ》、その新横町《しんよこまち》二の二。どの辺なんのかねェ。虹口《ホンキュー》……、懐かしいなあ。〽ホンキューの街かァ〜、声が出ないからね。昔は上手《うま》かった。あ〜あ〜……〽波の〜……。ここに、上海屋唐右衛門《とうえもん》という貿易商でしてな、使用人というか奉公人は、千人は楽に超えようという大きな貿易商。その支店は遠く、やれ、香港《ホンコン》はもとより、マニラの、やれボンベイの、勿論《もちろん》、長崎だ、横浜だ、方々《ほうぼう》に持とうという、大変豪勢な家で、現代《いま》では〝会社で〟とでも言いますかな。

これが毎年、八月のどん詰まりの三日間、二十九、三十、三十一だか、これは店を挙《あ》げての何周年記念という行事の集《つど》いになりますんでな。勿論、得意先ばかりでなく、朝野《ちょうや》の名士は申すまでもなく、親類縁者、取引先、奉公人一同、皆集まって、上下《うえした》なしの無礼講《ぶれいこう》という、飲めや歌えというのが何よりも凄《すご》かったんだろうなァ。いま、あんなパーティーなんぞあったら、どれほど自慢したか。

「お前ねェ、えェ？　ビールがあってね、お酒もあるよ、葡萄酒《ぶどうしゅ》も。飲み放題なんだ。ここんところへみんな入って、何食べたっていいんだよ。日本食もあれば、オムレツもあれば……」

生涯語ったろうね。

現在《いま》は世界、半分飢《う》えてるでしょ。三分の一は飢餓《きが》寸前でしょ。〃一番の幸せは何だ〃ったら、〃明日《あした》の食い物はあるよ〃ったら、これ、最高の幸せでしょうね。〃明後日《あさって》もあるよ〃……これ、どうにもならなくなっちゃうんじゃないですか？　それほど酷《ひど》いんだよなァ。だから、やれ、鮪《まぐろ》が捕《と》れねえの、ていってもねェ。

ほんとに俺《おい》らは飢えましたからねェ。野草まで食ってますからねェ。飢えたことのない奴《やつ》がガタ〳〵言ったってしょうがない。〃しょうがない〃ったってしょうがないだろうけどね、物凄《ものすご》いんだよなァ。

だから、逆に言うと、いまは楽しみがないやね。〃えっ？　明日はライスカレー？〃という喜び。仕事が終わって、〃一本つけようか〃〃ありがとォー！〃っていう喜び。〃学校が終わったアー！〃という喜び。

二十歳《はたち》まで、日暮れて帰った日にゃ親に怒られて酷《えら》い目に遭《あ》ってた女の子が、二十歳を過ぎて〃いいんだよ〃ってなって街へ出た。毎日、キラ〳〵してたろう。あとで考えると、〃何であんな男に惚《ほ》れたのか〃〃何であんなものに感動したのか〃……これ、青春だよな。

だから、いま、「歳《とし》とって青春している」なんて、嘘《うそ》ォつきやがれ。日本がこんなに老いて、青春なんぞあるわけがない。

だって、男女がいたって、別離が目の前なんだもん。夫婦だって、赤紙《あかがみ》一本で……。これ、死を前提とすんだからね。いつ死んだっておかしくないんだからね。

自分の家を壊されるのを見てました。強制疎開《そかい》ってね。置いとくと火が回るからっていうんで。焼けちゃったんなら、まだ諦《あきら》めもつくけど、自分の思い出の、書斎《しょさい》でなくてもいいよ、台所でもいいよォ、押し入れでも、ガラン〳〵ぶっ壊されたんだなァ。それ見てるんだ。辛《つら》いだろうなァと思う。そういうのがないから、今日《こんにち》みたいになってくんだろうね。と、私はそういうふうに解釈をしておるんですけどネ。

で、この〝一番の楽しみ〟というのは、三日目の、現在《いま》の言葉で言う一大イベント。これは、この広い大陸にもそうはないというようなものが、芸人、見せ物、不思議な物、変わった物、いろんな物《もん》が出るのが楽しみで。

「上海屋さんのあれだね？　来ると楽しみですねェ」

「ねえー。いろんなの見たよォ」

「お、俺《おれ》も見たよ。五十人で演《や》る腹話術《ふくわじゅつ》つうのがあって、あれ、面白かったねェ」

「ああ。俺は手品でさァ、ライオンを三十頭とライスカレーを二つ出すやつがあって、あれなんか俺は……。お前、何？」

「俺は、鶏《にわとり》と豚《ぶた》の合《あい》の子《こ》、『ブーコッコ』っていうの見て、あれ、面白かったね。鳴き声がよかったから。〝コケコブー〟っていうのね、あれ面白かった」

「象《ぞう》のあの綱引きなァ、象と猿《さる》と」

なんていろんなこと言うと、そっちに答えなきゃならないんで、大変でしてな。

「そういうわけでねェ、ひとつ番頭さん、まだ日数《ひにち》はあるがねェ、また、ひとつ考えてもらいたいねエ」

「ええ、判《わか》りました。心得ております。その件につきまして、金兵衛《きんべえ》がそういうことに慣れておりますというか、手練《てだ》れという言葉を使っていいかどうか判りませんが、金兵衛《あれ》を遣《や》ろうと思いますんでね」

「あ、そう。万事お前さんに任せます。はい〳〵、不自由のないようにしてやってくださいよ」

「判りました」


「……というわけなんだ。お前ひとつね、また今年も頼む」

「それにつきましてはですね、私はまだ早いんですけども、いろ〳〵商《あきな》いなぞがございますんで、その商いかた〴〵出掛けてこようと思いますが、明日《あした》にも出掛けるんで、ことによると、旦那《だんな》にご挨拶《あいさつ》を……」

「ああ、ああ、そう。ま、〝思い立ったが何とやら〟だ。結構々々。その気になったら行っとくれ。もう旦那のほうは心得てる。私が何とでも言うから。じゃあ頼んだよ」

「判りました。じゃあ、さっそく明日、行ってきます」

と言って出たのが七月の半《なか》ば頃《ころ》でござんすかな。

でェー、商いのほうは何とか上手《うま》くいく。〝何とか〟どころでなく、ちゃん、きちんときちんと収まっていく。じゃあ、じゃあ、じゃあというんだけど、その間で探しているというか、そっちのほうが先というか、でも肝心のほうにぶつかりませんでなァ、〝いい奴《の》〟にね。〝水ン中へドイーンって入ったっきり、二日《ふつか》でも三日《みつか》でも中にいる〟って奴《の》。〝えエッ？これは〟ってンで、カーッて行ってみたら、魚だったりなんかしてね。

「うー、そう、魚か」

「そうですよ、うーん」

そうかと思うと、〝空から縄《なわ》が下りてきてね、そこへ摑《つか》まって、ずうっといなくなっちゃう〟という。行ってみたら嘘《うそ》だったりね。

噂《うわさ》は聞くんだが、行ってみると、ほとんどガセというかな、違ったりなんかしてね、だん〳〵だん〳〵探しあぐねるというか、疲れてきましてね。

そのうちに八月へ入り、やがてそれがお終《しま》いのほうへ近づいてくると、疲れに焦りが加わりますからねェ。人間焦ると、いい考えはないわなァ。〝ああ、あれは〟と思ってやる。とにかく飛びつく。博打《ばくち》の夢みたいなもんでね、上手《うま》くいかねえんだな。

今日も今日で、もう頭がおかしくなったのか、炎天燃えるようなところへ。どうやら食いっ物だけは腰ィぶら下げて、どん〳〵どん〳〵歩いて山ン中へ入っていく。なぜ入っていったか判らない。〝どっかで何かへぶつかれば〟てなもんだろうな。〝炎天燃えるようで、上からは照る、下からは蒸《む》す〟って、上手い言葉がありましたがねェ。

〝どうしよう、いまさら戻るわけにもいかないし、道らしきものがあるんだから〟てなもんでな、だん〳〵だん〳〵登ってくるうちに、急に風が涼しくなってね、おォーおォ、足取りも軽くなって、フワ〳〵フワ〳〵した感じ。何処《どこ》からともなく音楽が聞こえてくるんだが、耳に聞こえるんだか、身体《からだ》に聞こえるんだか。〝はァー、はァー、何でだろう、何でだろう〟……〝何でだ何でだろう〟近頃見なくなって心配なんだけど、俺は……いやそれはこっちに置いといて。

と、奇岩、巨岩……、頭の中で字がポーンと浮かぶよね。〝きがん〟っていうんだから、木に眼《め》って書くんだね、きっとね。これで、その岩に、まあ、がっちりと抱《かか》え込むようにして根を張った松の木みたい。まあ、松なんでしょうがね。中国松、支那松。

その根元《ねっこ》ンところへね、寄っかかるようにしてこんなんなってね、ボロみたいなの着てね。何がボロンなったか、わけが判んないようなの着て、杖《つえ》持って、こうやって〝うっつら〳〵〝してる。〝おおー、人がいた。乞食《こじき》か。乞食というのは、誰《だれ》か呉《く》れる奴《の》が居るから、これが生きている。だからどっかに人が〟ということだねェ。

「ちょっとうかがいますけども、あのォー、ちょっと……」

「煩《うるさ》いな。何だい」

「寝てるとこ、すいません」

「寝てやしない」

「えっ、寝てないんですか？」

「寝てない。瞑想《めいそう》に耽《ふけ》ってた」

「ほォー、たいそう老《ふ》けってますねェ。老けてる」

「何ィ？」

「いいえ、まあ。あのォ、ええ」

「何だよ」

「すいません」

「何が〝すいません〟だ」

「実は私、言ってもお判りにならないと思いますが、上海に上海屋唐右衛門という家が、大きな……」

「ああー、知ってるよ」

「あ、知ってますか。どうもありがとうございます。……ハア〳〵……この手代《てだい》でございましてね、道を迷ってここへ来て、どうやったら上海へ帰るような道に出られるかという……」

「あァ～あ～、不思議なもんだね。来ようたって来られるようなとこじゃないんだのに。何処《どこ》をどう間違えて来たんだか知らないけど、ああ〳〵、帰ったほうがいいよ。教えてやるよ。ああ、お帰り〳〵。こういうところへ来ると、お前みたいな奴は身体によくない。あー、お帰り、お帰り、身体によくない」

「よくないですか」

「よくない」

「何でよくないんですか？」

「上海なんてところに住んでる俗な奴が来るとこじゃないんだ」

「ほォー、言いますねェ。俗ですか」

「俗だよ。俗でなきゃ暮らせないんだよ。俗ンなるほどいいと思ってる……。そんなこと言ってもしょうがない。帰んな〳〵」

「ここ、何処《どこ》なんですか？」

「ええ？　〝何処〟？　判んないのかい？」

「はい」

「桃源郷《とうげんきよう》だよ。仙境《せんきよう》とも言うな」

「エッ、桃源郷？」

「うん」

「と、貴方様《あなたさま》は？」

「俺は仙人《せんにん》だ」

「仙人！　ほおー。仙人ッ」

「そうだよ」

「お名前は何とおっしゃいますか」

「俺は鉄拐っていうんだ」

「鉄拐、鉄拐さん。アイヤー！」

「変な声出すな。何だ、知ってる？」

「知ってますよォー。ああ、そうですか。ここで鉄拐仙人に会うとは思いませんでしたがな。……で、仙人というのは仙術というのを使うそうですね」

「うん。その仙術を覚えるのが大変なんだなァ。そんなこと言ってもしょうがないな。その仙術が俺の、まあ〳〵、お前らの言葉でいうと〃人生〃とでもいうかなァ」

「はあー。どんなことやるんですか。鉄拐さん」

「知ってんのか」

「知ってますよ。八仙人《はっせんにん》の一人でしょう。ほら、沙悟浄《さごじょう》とか、金正日《キムジョンイル》とか」

「変なのと一緒にするな。えーー……」

「何を……？」

「〝一身分体《いっしんぶんたい》〟っていうのをやんだ、俺は」

「えっ、何ですか？　〝イッチムブッタイ〟？」

「一身分体だ。俺の身体《からだ》からもう一人の俺が出るんだよ」

「もう一度《いっぺん》お願いします」

「俺の身体からもう一人の俺が出るんだよ」

「あー〱、あー〱。同じものが？」

「うん」

「双子《ふたご》という？」

「違う。俺の腹からもう一人の俺が出るんだよォ。この辺にしとけェ」

「あー、判りませんなあ。えェ、どういう……」

「〝どういう〟んでもいいや、あんなもの」

「じゃ、もう一人の鉄拐さんが出てくるんですか？」

「そういうことだ」

「それでどうするんですか？」

「それ見て楽しむんだ」

「はあー、変な趣味」

「馬鹿《ばか》言うな。お前ら、自分を見て自分が楽しめるようにならなきゃ駄目《だめ》だ。そこまで行かなきゃ、判んないよ」

「そうですか。すいませんが、それ見せてくださいな」

「バカヤロウ、人に見せるもんじゃない、そんなもの。自分で自分を見て楽しむもんだ」

「ヘッ〳〵ヘッ〳〵。で、どっから出てくるんですか？」

「どっから出たっていいじゃない」

「ケツの穴から出してくる……」

「バカヤロウ。〝出る〟といえば口からだ」

「ほー、〝口から〟。ああ、そうですね。口から出るんですか？　それ見せ……」

「〝見せるもんじゃない〟つってる」

「えェー、できないんでしょ」

「だから、こういう俗な奴は嫌いだっていうんだ。〝できるけど見せない〟という、この気持ちが判ったら、素直に帰れよ、お前」

「へへェー、できない」

「できるよッ」

「じゃ見せて」

「見せるもんじゃないッ」

「できない」

「煩《うるせ》えな、まったくなァ。見たら帰れよ」

「はい」

「離れてろ〳〵、そこへ。そう〳〵、そこでいい」

そこで肌《はだ》けて、腹ァ、こうさすってやんの。痩《や》せてるけど、結構腹ァぷくっとしてやってね、俺の体型にちょっと似てんだけどね。俺の体型も腹が出てて、いまは痩せちゃったんだけど、〝ヒキガエル〟が立ち上がったみたいな感じのね。と、目ェつぶって、しばらくこう腹ァさすってたね。そのうちにね、フッと吹いたらね、白い煙のような糸のようなものがツーッと出てきた。ズーッと飛んできて、そのまんまそれが、フーッと広がって、ちょっと遠くなっちゃう。パッと消えると、スッと鉄拐と同《お》んなじになった。それで杖《つえ》を持ちながら、トコ〳〵トコ〳〵歩いて、丘の上で手を振ったり。と、こっちで鉄拐、それをこう見ている。

「どうだ」

「アイヤー!」

「煩《うるさ》いなァ、まったく、大きな声しやがって。何が〝アイヤー〟だ。……うーん、判ったな。判りゃよし」

ツーッとそばへ寄ってきた。そこへスルスルーッて霞《かすみ》がかかって、つまり、いまやったことの逆モーションだよな。それだけのもんだよな。スポンと口に入っちゃった。

「はァー、驚きましたねえ。へエーー、へェー。……ときに、先生《せんせ》」

「急に何だ、〝先生〟ってのは」

「あのォー、私、上海屋の手代《てだい》……」

「うん、聞いたよ」

「それが、このどん詰まりンなると、みんなを集めて祝賀会をやって、そこでいろんな演芸をやったりなんかするんですが、その余興《よきよう》に出てくれませんか？」

「この野郎、馬鹿《ばか》なこと言うな、お前。仙人がそんな余興に出られるか。芸人じゃあるまいし」

「芸人も仙人も大して変わんないじゃないですか。そういう奴《の》出すんですから。演《や》ってくださいよ。〝いつもより余計に出してます〟とか何とかっていうの、受けますよ」

「〝受ける〟とか何とかって、その世界じゃないんだよ、俺の居る世界《とこ》は」

「ねえ、駄目ですかね。じゃ、来るだけどうです？　上海も随分変わりましたよ。あすこんところ変わってねェ、南京路《ナンキンルー》ンとこもずっと変わって、もう虹口《ホンキユー》もみんななくなっちゃって、バンドも……」

「いいよ、そんなものどうでも」

「でも、仙人という、そういう崇高《すうこう》な人がいるということを、上海の人たちに知らせないとね。いまね、あそこは危《あぶ》ないんですよ」

「お前、この落語、時代設定をいつ頃《ごろ》にしてんだ」

「ま、いいじゃないですか、その辺のことは。仙人がいるということを……」

「煩いなァ。いても……」

「いなくてもいいんですか？」

「ぅーん、ぅーん」

「やっぱり、〝こういうのがいる〟というところを、ちょいと……。何でそうやってこだわるんですか、仙人というのは。あー、嫌《いや》みですね、そういうの。私《あつし》たちと変わりませんね」

「おやァ？　変なとっから攻めてきやがったな、お前は。いや、こだわる……ぅーん、判った。行ってやるよォ」

「来てくれるとね、とにかくいろ〳〵、満艦飾《まんかんしょく》でご案内をしたりね」

「それはやめてくれ。なんにも要《い》らねえ」

「あれ？　何か食べるでしょう」

「食べない。霞《かすみ》でいいんだ。仙人、霞食って生きてるって知らないか」

「言葉は聞いてますけど、それでいいですか？」

「うん。あと水。いい水な。変な水持ってくんな」

「あ、そうですか。深山名水《しんざんめいすい》とか何とか」

「何でもいいよ」

「食べる物を、なんかいろ〳〵、炒飯《チヤーハン》とか……」

「椎《しい》の実《み》でいいんだ、椎の実。あるだろ」

「ありますよ、椎の実。椎の実がいいんですか？」

「ああ」

「天津甘栗《テンシンあまぐり》なんぞ……」

「変な物持ってくんじゃない」

「で、どうなりますか」

「あー煩《うるさ》い奴だ。これ、摑《つか》まって、ほら、目ェ瞑《つぶ》れェー、目を。目を開けろ」

「ここ何処《どこ》です？」

「お前の家《うち》の前だろう」

「あっ、ああ！」

「お帰り、お帰り、お帰りなさいまし。あのォー、番頭さん、金兵衛さんが帰ってきて……」

「ああーそう。こっちへさっそく来て。うん、うん〱、あそォー。あァーあ。ふん〱、ふんふん、ふーん。ふーん〱、なるほど。うん？　うん。うん、うん。すると何か？　義《ぎ》太夫《だゆう》を聴かないうちは帰らないっていうのか、おい。どうもしょうがねえな。じゃあさっそく、あの旦那《だんな》……」

「会わなくも結構なんです。なんか怯《おび》えてるみたいですね。やっぱり山ン中にいると、田舎者《いなかもの》みたいなもんですかね、仙人っていうのは。〝駄目だ、駄目だ〟っていうことでね、物置きがありますね、庭のあっちの外《はず》れンとこに。〝ここがいい〟と言って、あのガタ〱

の物置きへ座ってね、蜘蛛《くも》の巣を眺めてます。〝面白い〟つってました」

「ああそう。何かあのー……」

「何も要《い》りません。何か持っていくとしくじっちゃいます。変になんか気難しいといいますか……。ま、とにかく逆らわないようにして、放《ほ》っといてください。私が万事やりますから」


その日が来た。一日《ついたち》、二日《ふつか》、三日目《みつか》。

いろんなのがネ、〝舞う〟もあれば、〝投げる〟の、〝受ける〟の、〝喋《しゃべ》る〟の、〝いろ〳〵あり〟のネ。

それがだん〳〵進んで、つまりメインイベント、イベンター。


この言葉、「本日のメインイベント」っていうのネ、もうこの言葉は古くなっちゃったでしょ。こんなの当たり前みたいに。これ、力道山《りきどうざん》が来たとき、力道山がやったときに初めて使ったフレーズなんだ。新しく感じたんですねェ。「メインイベント」っていうのがねェ。ま、トリですわなァ。その前が「セミファイナルー」てなこと言ったがね。そういう英語が新鮮に感じた時代があったんだ。

だって、英語の真似《まね》したのよ。英語の真似よ。〝オロシャテーラー・アールチャンチョンジャナー・ハーゲチョイオーラーイアー〟てなこと言って、英語の真似を音でしたもの。

ついでに言うと、日本語の真似を音でするとね、〝パラ〳〵ン、ダンジャバン、トケ〳〵トケトケトケーン、ボエン〳〵、トコトデリャア、ドムドムダムダマ〟という。我々、音で真似するじゃないですか。ベトナムならベトナムを。我々といっても、私の場合ですけど、〝ナンガンゴンガン〳〵ガンリンリネハンニョボガイナ〟。

コリアならコリアを〝プレデケレレナンチャンニャンヘロケノノ、アーグレナイケンナンチャーン、フーチンエルサンナムガン〟ってやるじゃないですか。中国語は、いろ〳〵ある、〝マーチャナハーナチャチャヤーアレゲー〟。こういうような真似をする。〝サチニパーフジルルバー〟ってフランス語の真似をしたりしたんですね。〝オルリーへ着くと、場内放送の声までが恋の言葉だ〟って言った人がいるけど、上手いねェ。なんかそんな感じがしますね。

「本日のメインイベント」と言ったかどうだか判らんが、〝トリでございます〟というんでね、〝はる〳〵仙境から来た鉄拐先生、一身分体の術をご覧に入れます〟てなことを、手代の金兵衛が言ったか、司会者が言ったか知らないけどね、通訳が言う。

通訳って、こういうジョークがあってね、その頃のロシアンジョーク。いま、ロシアンジョークったってね……、言っとくけど、俺の落語は行き当たりばったりだからねェ、一期《いちご》一《いち》会《え》、それしかないの。いいときに当たりゃァ幸せ。いいとき、悪いときっていうのはどこで判断するか。そっちの判断だけの話で。そんなもんだ、芸なんてのは。いくら一所懸命《いっしょけんめい》喋《しゃべ》ったって、〝お喋り〟っていえば、それでお終《しま》いなんだ、そんなもの。調子はそんなに悪くない。だん〳〵声が出てくるような感じがあるんで、大丈夫です。

どこまで演《や》ったかなって、ふっと忘れるときがある。円楽《えんらく》の……、円楽なんて、あんなものは、ついでに言っておくとね、作品を演ってるだけですから、それができなくなったというだけです。

俺、〝作品〟演ってんじゃないもん。〝俺〟を演ってるんだもん。作品だけ演ってんなら、落語家なんて辞《や》めちゃうよ、そんなもの。落語ほど、こんな凄《すご》いもの、さっき言ったように、これを使って手前《てめ》えを語るという……。

「鉄拐先生を……」

てなこと言って、

「先生、じゃ、ひとつ、今日……」

「判った、判ったよ。ああいいよ」

その辺、妙にこだわったりこだわらなかったりすんのかねェ。

「はい」つうんでネ、

「じゃ、ひとつお願いします」

「うん」

あの格好で出てきて、汚え格好して。この辺、ボリ〳〵掻きながらね。"俗な顔が並んでやがる"ってな顔してね。俺とダブらせないでくれよな。そんなあれはないからな。少なくもこの観客に対してな。

ついでに言っとくとね、俺ねェ、俺を聴きにくる観客は伊達《だて》じゃないと思っているからなんだ。そんな並大抵《なみたいてい》の客じゃねえと思うから、俺は細心の注意で喋ってるんです、これでも。そうよ。そう思わない？　あんた方を〝笑わしてやろう〟だとかね、〝向こうの優越感をくすぐろう〟とか、そんな了見《りょうけん》まったくないよ。逆に言うと、こういう客に恵まれて、ほんとに幸せだと思っていますよ。

えエー、落語の部分が大分《だいぶ》減ってるなという感じは、ちゃんと持ってる。

「おーい、老人会の幹事ィ、お前か？」

「へえー」

「陳爺《ちんじい》。これ、駄目だよ、変なの出しちゃ。おい、駄目だ〳〵、こんなもの駄目。え？　これが太夫《たゆう》？　これが太夫……へえー。何やんの。〝チン〳〵ブッタイ〟？　何だ？　チン〳〵ブッタイ……」

「いや、イッチンタイ〳〵ですよ」

「イッチンタイ〳〵、よし、判った」

「ブッチンタイ〳〵です」

「ブッチンタイ〳〵？」

「いや、イッチンタイブン」

何だかわけ判んない。

「どういうことだ」

「あの汚い格好が、舞台でカラッと回るってえとね、綺麗《きれい》な女ンなってねェ、〝ラーレーリーリーリリリー〟てなこと言うてえと、これがこんなんなってねェ、踊ったりなんかするんです」

「ほんとかい？」

「いや、じゃないかと思うんですけどネ」

「頼むよ！」

なんて。

あー、何とも思わねえのかね。こんな顔しながらね、腹ァさすってたよ、こうやって……。

「先生、出ませんねェ」

「うん、出ない。嫌《いや》がってるよ、腹ン中で」

「ど、ど、どうしたらよろしいんですか？」

「物置きなら出そうだね」

「物置きで演《や》られても困るんですけどね。〝煩い〟？　あ、そうですか。すいませんが、ちょっとの間で結構ですから、静かに、静かにお願いします。ちょっと灯《あか》りも消して。そう、灯りをちょっと薄くして、薄くして、薄くして、薄くして。

先生、お願いします」

「ウーーン。ぅん？　来たぞォー、これは」

「え？　ど、ど……」

「出た」

「えっ？」

パーッと吹くと、ストーンッて出て、二人がこう居てね、〝変なところへ連れてきて悪かったな〟てなこと言ってんのか。〝いえ、どういたしまして〟なんて言ってんのかね。そう、ものの五分あったろう。

「ああ、ぅん、ぅーん」

二人が笑うと、スーッと前へ来た。例によって、〝スポン〟と口に入っちゃった。

「なんと。ええっ？」

「アイッ、パーーーッ」

こんなもの初めて見たから、

「ウー、ヨオッ、支那一《しないち》！」

「クワーー、ドクン」

しばし鳴り止《や》まぬ。

「ええ？　ああ、ええ、あ、そう。はァーー。誰が？　金兵衛《わたし》に？　……あ、そう」

「おお、金兵衛さん、金兵衛さん、凄《すご》いの見せてもらいましたね」

「〝気に入ったでしょう」

も何もねえもんだ、ええ？　イッチンブッタイ？　ま、ま、何でもいいんだけどね、実はほら、友達が来てるんだよォ。それで友達はね、明日帰るんだけどね、近所〟なんだけどね、村祭りだっていうんだけど、あれ、余興《よきよう》に頼んでくれねえかな」

「馬鹿《ばか》なこと言うんじゃないよ。仙人を余興に頼むなんという……」

「駄目か駄目じゃないか、聞いてくんねえかなァ」

「ま、聞くだけならな」

聞いたらね、〝いいよ〟ってンだ。諾《ダツク》だってサ。

で、行って帰ってきた。と、こっちからも〝来てくれませんか〟なんて。豊年祭りだか何だか、そっちへ行ったりね、あっちィ行ったり。〝子供と一日遊んでくれませんか〟なんて言うと、〝ああーいいねェ、子供さんと遊びましょうか〟なんと言ってね、遊んで。

と、街歩くとね、これがどっかで人気ンなってンのかね、早いもんでね。〝これぞ実存主義の権化《ごんげ》だ。ディオゲネスの再来である〟なんつってね。

ほら、〝ほかに望みはないか。欲しい物やる〟ってアレキサンダーが言うと、〝どいてくれ、日が当たらねえから〟って、あの土管《どかん》ン中で言ったっていうな、あのディオゲネスな。キニク派っていうのか？　犬派だな。犬のことをキニクといった。それがヒニックになるっていう、つまり〝皮肉〟だ。そういった言い伝えがあるけどね。

これぞ実存主義の権化《ごんげ》だっていうんで、若い奴はオリジナリティーがねえから、杖持って同《お》んなじような格好して、フラ〳〵歩いたりなんかしてね。若い子なんか、こう見て、〝あ、鉄拐さん、鉄拐さーん〟なんて言うとね、ピュッとこんなことしたりなんかするんだ。

「ええー、あのォー、先生、ちょっと人が来てましてねェ」

「あァ、誰だい？」

「ええ、寄席《よせ》の席亭《せきてい》なんですけどね、〝先生で寄席を打ちたい〟と言ってますけどね」

「何だ」

「お客さんを入れて見せるんですよ。お金を取りましてね、やりたいんです。先生にも存分にお支払いしますし、どうです？」

「うゥーん、何だか判んないけど、何でもいいや。来たついでだから、お前さんな、いいようにやったらどうだ」

「あ、そうですか。ありがとうございます」

なんと、鉄拐の看板、一枚看板、「一身分体の実演」。

いや、来るわ、来るわ、そんなもの見たことないから。〝あれェ観《み》ねえようじゃ、お前、

上海っ子の恥だい〟なんてなことンなって、ワン〳〵ワン〳〵やってくると、あっちでもこっちでも掛け持ちするようンなるとね、

「あ、先生、下りてきました。先生にお茶など出しちゃ駄目だよ。深山名水と、あと椎の実だ」

「え？」

「いいんだ、〝椎の実〟で。

ねェ、先生、椎の実ですね。この天津甘栗は……」

「いや、そういうものはいけません。椎の実だけでいいですから」

やってるうちに、

「お疲れさまァー」なんてえと、

「はい〳〵、はい〳〵、判りました。いや〳〵〳〵、水……。ああ、これがいいや。

さっきあそこにいた、挨拶《あいさつ》しなかったあの若い奴《の》は、一体誰の弟子だ？　駄目ですよ、そういうのは。

それから、前のほうにね、若い子に、ちょっと踊りなんぞ踊らしたほうがいいんじゃないかと思うね。そう〳〵、そう〳〵。それがいいでしょ。そうしてくださいよォ」

と、だん〳〵だん〳〵舞台で何か言うようンなってきてね、〝「仙人」と言っても千人いるわけではない〟なんてくだらないことを言うようになってきた。

「じゃあ、出だしは静かに『蘇州夜曲《そしゆうやきよく》』かなんかでいきますかな」

鉄拐が言うわけはないよな、こんなことな。

「『蘇州夜曲』で、それで『チャイナタウン・マイ・チャイナタウン』に入りますか。ラ〜パ〜パパ〜パパパっと。で、盛り上がって、最後に〝完了々々《ワンラ》〟ってことゝなると、『何日《ホーリー》君再来《チンツァイライ》』をかけたら」

って、いろんなこと言ってる。

「や、お疲れさまでした」。

あるとき、誰もいないところに、ちょっと甘いお茶菓子かなんかあったんで、ポッと口へ入れたら、あまりの美味《うま》さで、思わず鉄拐、〝アイヤー〟と叫びそうになっちゃった。お茶ァ飲んだら美味いのなんのってね。だけど、どうするわけにもいかないんでね、とき〴〵、内緒で持って帰って、物置きで食べている。

「金兵衛さん、何だねェ、世の中はお金で動くなんて言うけどね、どう動くのか、私もちょっと使ってみたいけどね」

「どうぞ〳〵、先生。動くも動かないも、お金があれば、何でも好きな物を……」

「いえ、そんな好きな物なんぞ別に……。使うとどんなもんか、〝使う〟ということをしてみたいんですよ」

「どうぞ〳〵、これ全部《みんな》、先生のもんですから、どうぞ」

「じゃ、ちょっとだけだい」

なんて言ってるうちに、何か買って食べてるようになる。それで、〝どことなく何か違ってきてるな〟と、金兵衛は見てるわけね。

「じゃあひとつ、演《や》り方も、ひとつ変えましょうかねェ」

なんて、いろんなことを言うようになってくる。

「鉄拐先生、〝ちょっとお目にかかりたい〟という者《の》が来ておりましてね」

「はい〳〵、何でしょう」

「あ、初めまして。私、上海の町に住む者です。これ、倅《せがれ》なんでござんすが、実は倅が、困ったもんでしてねェ。〝官に就《つ》くのも嫌《いや》だ〟と。といって、〝商人《あきんど》も嫌だ〟と言って、〝芸人になりたい〟と言い出しましてねェ、どうやっても止められないで、芸人に……。〝当代に何が〟といっても、先生を置いてほかに出る人はいませんからねェ、ぜひひとつ先生の……」

「要《い》らないよ。弟子なんぞとるもんじゃない、仙人ちゅうものは。そんなもんじゃないよ」

「いえー、どうぞひとつお願いします。そばにいて、いろ〳〵品物を動かしたり、持ったり、忘れないように覚えたり、いろ〳〵……」

「煩《うるさ》いねえ。じゃ、ま、いいや、置いときゃァいいよ」

「ありがとうございます」

「いいか、よく覚えんだぞ。先生の吹くところを見て、フーッて出してな、お父《とっ》つぁん楽にしてもらわないと困るぞ」

「ええ。……先生、名前をひとつ」

ほらネ、きたよ、ここへきたネ。

「名前をひとつお願いしたい」

「じゃあ、面倒臭《めんどくせ》えから〝厄拐《やっかい》〟だ」

「あ、そう」

「〝厄拐〟だぞ。お前、上手《うま》くやれよ」

「先生、うちのもひとつよろしく」

「じゃ、〝木拐《もつかい》〟だ」

「うちのはまだ小さいんですが」

「じゃ、〝蜆《しじみ》っ拐《かい》〟」


厄拐、木拐、蜆っ拐っていう三人の弟子ができましてな。何だか判んないでしょう。これが言いたくて喋《しやべ》ってんの。もう一回言わしてくださいよ。厄拐、木拐、蜆っ拐という三人の弟子ができてね、〝着物も新しいのを着たほうがいいねェ〟なんて、〝着物も夏ンなったから、ひとつ上布《じようふ》にしましょう〟なんて、上布を着てネ、それで杖《つえ》の代わりに扇子《せんす》を持って出てきたりなんかする。

「お疲れさまァー」

「お疲れさま」

「先生ェー、あの形似合いますよ」

「なら、いっそのこと、髭《ひげ》なんぞ剃《そ》ってみたら？」

「ああそうかい。じゃあ、ひとつ行ってみようか」

「ついでに、お風呂《ふろ》なんぞどうですか？　上海風呂で、肩揉《も》んだり足裏押したりなんかして」

「ああ、そうかい」

上海風呂行ってね、さっぱりしてきた。

「若くなったねェ。……それで、どうです、先生、これから酒屋《チユウチヤ》（酒店）でも繰り込みますか」

「ああ、酒屋ねェ。ああ、いい。行くか」

なんて言う。さっぱりした格好して酒屋《チユウチヤ》。〝ライ〳〵〟なんて。

「ハオ〳〵」

「いらっしゃーい。あらっ、鉄拐先生。

鉄拐先生が来たわよ。

ウワァ、あの格好も先生、なか〳〵クラシックでいいけど、その格好も素晴らしい。先生、いらっしゃい。ねェー先生、ゆっくりしてって。なんでしたら先生、今日、私を連れて先生の家へ泊めてくださいよ。先生のお腹からもう一人出るんでしょ。二人で攻めて！」
なんて、変な女が出てきたよ。

以来もう、いろんなことをやるのが当たり前ンなっちゃってね。それで、〝ひとつ講演に……〟なんていうと、講演に出掛けてって、「貴方も仙人になれる」とかね、「十日で覚えられる仙術」だとかね、「仙人百話」だとかな。

それでコマーシャルも、最初のうちは水の宣伝だったのが、そのうち、銘酒《めいしゅ》「鉄拐チュー」とかな。そのくせ、甘い物も、「鉄拐最中《もなか》」もやりゃァね、「鉄拐せんべえ」もやる。節《せっ》操《そう》がねえんだ、これな。

新しく家《うち》ィ金兵衛に建ててもらって、女を置いてな、昼間は講演して、夜は寄席へ出てな、〝完了《ワンラ》、完了《ワンラ》〟てなこと言って、気に入らないと寄席すっぽかしたりなんかしてな。

「ああ、また抜きやがった、あの野郎。来やがらねえ、あん畜生《ちきしょう》。ふざけやがって、なァ……」

「ああ、俺もこないだすっぽかされたよ、あの野郎来やがらねえ。弟子が出たよ」

「あ、そうだろう。厄拐っていう奴でネ、フーッと吹いたら、なんか知らねえけど、頭の毛みたいなのが出てきやがる。木拐ってのが吹いたら、手みたいなのがポッと出てきた。蜆っ拐ってのは、毛がパパパパーって。それで終わりだっつうんだね。ふざけてやがってねェ」

「俺なァ、酒屋行ったらね、女を集めて、なんかパー〳〵言ってる奴がいるんだよ。どこの土建屋の親父《おやじ》かと思った、ああー。ええ？　違うんだ、鉄拐なんだ。あの野郎、油売りやがってなァ、叩《たた》きつけてやろうかと思った」

「いいよ。そんなの殴ったってしょうがない。あんな者《もん》、放《ほ》っとけ〳〵」

「放っとけないよ。あんな奴放っといたら、上海っ子の恥だよ。八仙《はっせん》っていうんだから、あと七人いるじゃねえか。誰か連れてきて、代わりに出そうじゃねえか、ひとつ、えェ？　それで俺は聞いたんだ、金兵衛さんに」

「判ってるから、行こう、行こう、行こう。行くね、行くね、行くね。ワッショイ、ワッショイ、ワッショイ、ワッショイ、ワッショイ。イーアルサンスー、イーアルサンスー」

出掛けてって、

「この辺だよね。聞いたんだ、右行くだの、左行って、左行って、真《ま》っ直《つ》ぐ行って、渡って戻って考えて、つまずいて、登って下がって落ち着いたとこだっていうんだからね、ここだよ、きっとネ」

「いるよ。ほら、いるんだよォー」

「うん」

「おい。おい、お前何だろ？　仙人だろうよ。おい〳〵、仙人だろ」

「煩《うるさ》いな、どっから来たか知らないが」

「仙人だよ。ほーら、いるんだよ。ハ、ハ、ハ、ハァ。チワッ。ヨッ！」

「何だ」

「仙人だ、仙人だってるじゃない。名前何ていうの？」

「無礼《ぶれい》な奴だ、手前《てめ》えの名前も名乗らないくせしやがって。張果老《ちようかろう》っていうんだよ」

「えっ？　張果老？」

「うん」

「ああ、張果老……聞いたことあんな」

「張果老、仙術は？」

「あるよ」

「ああ、〝あるよ〟ねェ。あるわなァ。仙術がなきゃ駄目だって。で、何ができるんですか？」

「瓢簞《ひようたん》のあんだろ」

「ええ」

「汲《く》めども〳〵酒が尽きぬ」

「ああ駄目だ、これ、芸にならね。ただの飲み助というか、酔っぱらいだ。ああ駄目だよ、おい。それは芸にならねえね」

「何だ、〝その芸にならない〟ってのは、えェ？　この中から馬が出るぞ」

「えッ、馬？」

「〝瓢箪から駒《こま》が出る〟っての知らねえのか、お前は」

「ああそうか。これは先生のとこから……」

「俺がやったからできた諺《ことわざ》じゃねえか」

「ねエ、先生、来てよ、上海へ。大変なんだ、鉄拐の奴がいてね、こーんなんなってね、そっくり返ってね、ええ、野郎ね、とにかく生意気ンなりやがってねェ、酒屋《チユウチヤ》行きやがって、抜きやがってね、厄拐、木拐、蜆っ拐でね……」

「何だ、そりゃァ」

「いやァー、とにかくねエ、そういう野郎なんだ、あの野郎。頭にきてね、可哀相《かわいそう》にね、陳《ちん》学全《がくぜん》という友達がいた。それがね、〝椎の実の宣伝ならする〟なんて言ってたくせに、今度は他《ほか》ンとこへ行っちゃってね、平気でね、天津甘栗の宣伝もするし、そういう野郎なんだよな。だから、ひとつ先生が……。

ああ、逃がすな、逃がすな。捕まえて連れてっちゃえ」

それ担《かつ》いで、ワッショイ、ワッショイ、ワッショイ、ワッショイ。バーンと寄席へ。

張果老仙人、瓢簞《ひょうたん》から駒《こま》が出るっつうんだね。やったね。迫力が違うよね。駒《うま》が出てきて、デーン、ウワァーッて飛ぶんだから。鉄拐の芸たって大したことねえんだからな。ただ出すだけだから。

しょうがないから、それにリボンをつけて鈴つけて振ってみたりね。どこで教わったか知らないけど、向こうの鉄拐に向かって、こっちの本物の鉄拐というか、もう一人が身振り手振《こんなこと》りすると、向こうでも同《お》んなじことしたりなんかしてね、こんなことしてね。ハッハッハ。こういう楽屋落《がくやお》ちが大好きでね、俺ネ。

だから迫力が違うから、みんな向こうへ行っちゃった。客が来なくなった。

「あァー、疲れましたなァ。少し山でも帰ろうかなァ、金兵衛さん」

「どうぞご自由にしてください。いつでも、出てくるようになったらお迎えにも行くし、先生のところ空《あ》けて待っておりますから」

「ああ、そう。じゃ、ちょいと行ってこようか」

と言って出たものの、なんか未練でな。張果老の出てるところを、そーっと判らないようにして見たら、〝あー、格が違うっていうか、スケールが違う〟と思った。

スケールが違うと考え始めたとき、もうこいつは駄目ンなってるんだなァ。手前《てめ》えは手前えだんべな。そんなこと言ってもしょうがないけど。

山へ帰ろうと思ったけど、ふーっと、どういう気持ちンなったか、夜中に張果老ンところに忍び込んでね、枕元《まくらもと》に置いてある瓢箪にこう口つけてみて、ウワーッと吸い上げた。腹《ここ》の強い奴だから、瓢箪の中の駒が鉄拐の腹ン中にスポンと入っちゃった。何食《なにく》わぬ顔して帰っちゃった。

「いや、山へ行くのはまだいいです」なんつって、

「あ、そうですか」

張果老は知らないから、〝さァ出します〟ってやったけど、出るもんか、そんなもん。〝調子が悪いんでね〟……俺は喉《のど》の調子が、向こうは腹の調子が悪い……って言いながら、まァ、「半札《はんふだ》」って言葉がありまして、客を帰して、〝また今度〟っていうこと。

翌日も、また三日目も駄目。だん〳〵これも人気が落ちてくるからねェ。

「先生、聞きましたか、張果老」

「何が？」

「馬が瓢箪から出てこなくなったって、評判が悪くなっちゃった」

「ああ、そう。うーん。あ、そう。じゃ、俺が出そうか？」

「え？　先生、出せるんですか？」

「いや、あのォ、一身……、いや〳〵、駒出してやる。何なら、鉄拐乗っけて出してやろうか？」

「えっ？　馬の上に先生が乗って出てくる？　できるんなら、早く言ってくださいよォー。〝そんなこと言ってちょうよ〟」

何だか判んない、先生。

これが名古屋へ来たっていう、ただ唯一のことだ。酷《ひで》えもんだねェ。

そりゃァ客が来るわな。来て、さァ出そうとするけど、やっぱり勝手が違う。術が違うんだろう。出ないよ。

「先生、出ませんね」

「うーん、ぅん、ぅん、ぅん」

「〝うん〟じゃないよ。どうなんですか」

「いや……」

「何やってんだ。早く出せッ、早く出せッ、早く出せッ」と客は騒ぐ。

「早く出てこい、出てこい、出てこい」と鉄拐。

馬が邪魔ンなって出てこない。

「出てこい。出てきてくれよ」

「出らんねえよォ」

鉄拐の表と中が喧嘩《けんか》するようになっちゃう。深いねェ、この辺の、落語の『鉄拐』の凄さネ。ああ、〝表と中が喧嘩する〟。

出なくなっちゃった。どうしよう。

「出ねえのかー。出なきゃ、俺《おれ》客たち腹ン中へ行って観《み》てやらァ」

〝アーッ、これだ〟と思うから、ストンと入れたねェ。パッと出てきた。〝中でやってる。観られる〟〝じゃあ、我も〳〵〟というんで、どん〳〵どん〳〵腹へ入れちゃァ、観せて、ストーン、ストーン、ストーン、ストーン。そのうちに、

「先生、面倒臭いから、一度《いっぺん》に入りませんかねェ」

「やってみるかなァ」なんてなもんで。

「一度《いっぺん》つったって、そう百足も二百足もっていうわけにはいかねえから、三十だ五十だってえの」

ずうっとこうやって入れて、観せて、〝はい、お帰りはこちら〟。ズバーンと出して、
なんていうのが始まって、あっちからもこっちからも……。

「鉄拐の腹ン中ァ観ないようじゃ、上海っ子の恥だ」

「先生、ちょいと観たいんで、入れてください」

「いや、もういっぱいですよ。入りませんよ。口ンとこに、〝満員札止《ふだど》め〟って貼《は》ってあるでしょう」

「わざ〳〵来てるんだよ、子供連れてね。何とかアバラのとこへ摑《つか》まって……」

「うーん、ちょっと待ってくださいよ」

なんていうようなありさま、盛況でな。

ところが、いい客も来りゃァ、悪い客も来らァな。一番始末の悪いのは文士《ぶんし》。

っていう。

現在《いま》の文士は付き合いがないから判んないけど、あの頃もいたよ。俺なんか一緒に付き合ってた連中がネ。

これは理屈っぽくて、こんな連中がやってきてネ、酒が入ったから堪《たま》らないや。そういう嫌《や》な奴は、中で喧々諤々《けんけんがくがく》というか、囂々《ごうごう》というか、侃々《かんかん》というか、こォーんなんなって始まっちゃって、暴れるわ、ぶっ壊すわ。

どうにもやってらんねえから、鉄拐苦しがって、特に中の〝一番煩《うるさ》そうな二人を出しちまえ〟ってンで、〝ホン、ソン〟と出した。

で、顔を見たら、なんと李白《りはく》と陶淵明《とうえんめい》であった。

（二〇〇七年三月十六日、ミッドランドホール）

場所は名古屋である。このときは、乗りに乗っていて、初めて落語の奥義《おうぎ》を覚えたという感覚であった。一口に言うと、談志《わたし》に無断で鉄拐が動き出したという事実。それを自覚した、ということ。だから、「今まで演《や》ってきたことを撤回いたします」と。

どういうわけだか、鉄拐さんとは関係のない妙な洒落《しやれ》を思い出した。撤回さん……何なんだろう。己《おのれ》の同音異義に対する敏感さに腹が立つネ。

素晴らしい『鉄拐』であった。けど、字にしてみると、その良さは十分の一も伝わってこない。まさに一期《いちご》一会《いちえ》、同じ空間を共有した者でなければ判《わか》らないだろう。もっと言うと、落語のダストの中にいる者でしか、談志《わたし》と同じ感動は味わえなかったかもしれない。それが正直な思いである。

談志《おれ》の腹ン中からもう一人の俺が出てきやがった、ということか。

居《い》残《のこ》り佐《さ》平《へい》次《じ》

「ヨオ〳〵、ヨオッ」（佐平次）
「え?」
「四《し》天王揃《てんのうそろ》って、どうです、景気は」（佐平次）
「〝景気〟だってさァ、えェ? おい、世の中に景気なんてのあんのかねェ」
「不景気ってのはある」
「ああそうか。不景気も景気のうちかいな」
「ええ、どうにもなんないですよね。景気はいいですか?」（佐平次）
「ううーん、〝景気がいい〟っても〝悪い〟っても、そんなものはどうってことねえす」
「はァー。どうです、ひとつ、くしゃ〳〵してると面白くありませんからね、この辺で悪魔っ払《ぱら》いってなもんでね、出掛けようじゃありませんか、えェ? やれ、吉原《よしわら》だのどうのって言うけどね、河岸《かし》を替えて品川《しながわ》あたりへ繰り込んでね、海付きのところかなんかでね、広間ぶっこ抜いてね、大広間にしてね、三味線《しゃみせん》、太鼓でドンチャン〳〵騒いでね、食い物は新しいからね、海の物は。

で、酒飲んでね、沖を通る鷗《かもめ》の数を勘定して、〝帆柱《ほばしら》八百本、あるよ、あるよ、あるよ。鷗が八百羽〟なんて言いながらね。時々、陸蒸気《おかじょうき》の音なんぞ、〝ポッポー〟っと聞きながらね、好きなものを飲みたいだけ飲んで、食いたいだけ食って、好きな女を抱いて、一晩愉快に〝ウエーッ〟てンで、一人一円の割り前ってのはどうでしょ」（佐平次）

「あんなこと言ってるよ、お前。聞いた？　聞いてねえ」

「聞いてるよォ」

「一円てえと、一両《いちりょう》のこってしょう？」

「そう。文明開化から一円となりましたな。〝両〟のがいいねェ」（佐平次）

「いいも悪いも、そんなことして遊んだら、一円じゃァ……下手《へた》すりゃ五円やそこらだって上がらないでしょ、えェ？」

「あァ、そう〳〵。まともには上がらない。まともにいって上がるのは面白くもないでしょ。まともで上がらないところを上げようってンですよ。〝デーン〟ってのはどうです。これですよ、景気は」（佐平次）

「ああ、ああ」

「行きませんか？　私が言い出したんですから、何もご迷惑かけませんよ。いいじゃないですか。世の中なんてのは成り行きみたいなもんで、目が〝ボーン〟と合ったら行こうじゃありませんか。不景気で景気よくしましょう。〝ウワッ〟とするだけ。行こう、行こう、行きましょ」（佐平次）

「おい、どうする、おい、えェ？　誰《だれ》、あれ」

「知らない、俺《おれ》」

「知らない」

「お前、知ってる？」

「知らない」

「お前知ってる？」

「知ってる」

「おい、八公《はち》、〝知ってる〟って言ってるよ。

誰、あれ」

「誰だか知らねえけど知ってるよ、俺。名前が佐平次《さへいじ》ってンだ、確かな。みんな〝佐平次、佐平次〟つってたよ」

「何で知ってんだい」

「あのねェ、三社《さんじや》の祭りとかね、それからねェ、蔵前八幡《くらまえはちまん》かなんかの祭りでな、よく神輿《みこし》に乗ってね、こう諸肌《もろはだ》脱いでね、確か彫り物《ほりもん》が、ひょっとこの刺青《いれずみ》かなんかある奴《やつ》。それで、〝ワッショイ〳〵〟なんて、〝ウワー〳〵〟なんてやってる奴を見たことあるねェ」

「うん」

「あ、そう」

「そういうことだよ。知らない？」

「どっかであいつ、〝蛤《はまぐり》のむき身《み》〟やってたような気がすんだよなァ」

「あ、そういやねェ、根津権現《ねづごんげん》のとこ行ったらね、神社の階《きざはし》の下でね、あの野郎、〝ボーッ〟といてね、こっちのほうに鳩《はと》のっけて、肩に鳩二羽のっけて、三羽持ってね、こっちのほうで何かやってね、こんなことやってね、ぬく〳〵とやって。あんなことやってたよ」

「ああ、ああ、ああー」

「別になァ、別にどうってことはない、そういう者《もん》じゃねえかな」

「どうなんですか、いろ〳〵手前の噂《うわさ》がとり〴〵のようですけども。どうですか？　言うことは二つ。〝うん〟〝駄目〟っていう、えェ？」

「エヘッへへ。そらァー何ですよォ。そんな結構な物があったらね、買い占めておきたいぐらいなもんでね、異論はないんですがね、大丈夫《ぜんぶ》ですかなァ」

「いいじゃないですか、〝大丈夫〟も何も。諸々駄目でも、一円てなもんでしょ。そのぐらいのことはァー」

「〝そのぐらいのことは〟いいですよ。別にこっちもね、負《お》んぶに抱《だ》っこなんてのはね、嫌《いや》だしね。うん、いいじゃないですか、割り前てなことで」

「え、行きますか」

「ええ」

「じゃ、行くかい？　行こう。手を〆《しめ》ますか。〝イヨーオ〟っと、〝ヤヤヤイ〳〵〳〵〟〈パン〉。結構ですなァ。お家《うち》へ帰って、こんなことジョリ〳〵したり、お着物を……」

「そんなものやったってしょうがねえ。うん、うん、この顔だしね、着たきり雀《すずめ》でこんなもんで、行こうっていう気持ちのほうはある」

「そう、それだ。行こう〳〵」

ワーイってなもんでね、ワー、ヤー、チョイ〳〵、チョイ〳〵、チョイ〳〵と。

「いやァ、こっちへいらっしゃい、こっちへいらっしゃい。どうです、ここん店《とこ》へ、ここん店へ。行こう〳〵〳〵」

「あー、ばかに大きなお店で」

「小《こ》店《みせ》ってのは、がさついていけませんよね。そういうのを楽しむってのもありますがね」

「何ですか」

「貧乏を楽しむ。〝不味《まず》い〟〝汚い〟ね、夏なら〝暑い〟、冬なら〝寒い〟ね。それで〝不親切〟でネ」

「ああ、そう」

「そういうの嫌《いや》でしょ」

「嫌ですよ」

「じゃ、ここへ行こう。じゃあ、まあとにかく、手前が万事《ばんじ》世《せ》話《わ》九郎《くろう》。

おおー、あれ〳〵あれェ、若え衆《わけし》」

「えー、何でござんす?」

「〝何でござんす〟って、しっかりしろォ、この野郎。手前《てめ》え起こしてな、〝これから八丁《はっちょう》畷《なわて》へ行くのはどう行ったらよろしゅうござんすか?〟って聞くんじゃねえんだ、馬鹿《ばか》。手前えンとこへ厄介《やっけえ》になるってえのはどうだ」

「何人様《いくたりさま》でございますか」

「〝何人様《いくたり》〟って、この野郎、しっかりしろー。この野郎ォ、えェ? 勘定できるか、お前。支那《しな》から来たんじゃねえだろ? 支那から来たって、一《イー》、二《アール》、三《サン》、四《スー》ぐらいのことは出来っだろう、この野郎」

「ええー、五人様ですか?」

「そう見えんのか?」

「違いますか?」

「当たってる」

「お登楼《あ》がりになる」

「ええ、世話ンなるよ」

「じゃ、お登楼《あ》がりになる。

お客さん五人お登楼がりになるよー」

トン〳〵トン〳〵と梯子段《はしごだん》を……。

絵なんぞ見ると、女郎屋《じょうろや》の梯子ってのは、入り口のほうからこう来てないんだよね。向こう側から入り口に向かってこうなってんのね。何なんだろうね。客が逃げらんないようにするんだか何だか知らないけど。

でェ、「引き付け」ってとこへ通される。「引き付け」ってね、入ると、みんなこういうふうになっちゃってね、こんなになっちゃって、引き付け起こして。

「ああ、お前、話判《わか》るか？」

「へい」

「万事俺だからね、俺を通して話をしてくれないと駄目だよ。あの四人《よったり》、あんな格好してるだろ。あれがあとに、なぜあの格好をしてるかってえのが判るんで、これがまた面白いんだ。〈パン〉お楽しみの一つだよ。

でね、煩《うるさ》いほうだからね、口のほうは奢《おご》ってるからね、変な酒持ってくるなよ。水っぽいのはいけないよ。新川新堀《しんかわしんぼり》から〝ドドンドン、ピューン〟ってなもんでな。食い物は判ってるだろ。新しいから、目の前にいるんだからね。不漁《しけ》があったわけじゃねえんだから、ひとつな、皿に天こ盛りにしてこいよ。

いろ〳〵あんだろ。魚ばかりじゃなくたって、こんなになったり、こんなになったりしてんのあんじゃない。いろ〳〵あんな物持ってきて、な、天こ盛りだよ。いいかい？　貝やなんかもいろ〳〵とな。皿だけやけに立派でもってな、刺身は間《ま》を空《あ》けて置いてあってな、その間に風が吹いてるなんてえのはよくねえからね。

　そうかと思うと、変に乾いてやがって、〝これ一体何処《どこ》へ置いてあったんだ、この野郎、山から採《と》ったんじゃねえんだろ〟なんてえのはいけねえからね。

　ひとつね、新しいのを〝ドサッ〟と、酒のいいのを〝ドーン〟と持ってこい。それでいろいろ、〝これはどうか、あれはどうか〟って、頭へ浮かんだら、ここへ持ってこいよ。食ってね、〝よし、全部引き受けてやる。少々気に入らなくても持ってこい〟てなもんでやってやるからね。

　それから、これ（小指出して）、呼んでこいよォー。若《わけ》えのこういうのとか、ちょいと芸がある奴でな、年増《としま》でも構わねえから、いろ〳〵見繕《みつくろ》って呼んでこいよ。で、肝心の女だ。いいかい。いいの持ってこい。選《え》りすぐった奴を。〝これならどうです、よかったでしょう〟ってえのを、四人《よったり》にいいのを当てがってな。あれ、煩《うるせ》えからな。といって、俺だけ外《はず》すことはねえんで、俺にもいいのを持ってこいよ。上手《うま》くやれ。判ってんだろ？

　俺だけいいと、あとの四人が煩いから。向こうが主《しゅ》なんだから、向こうに置いといて、だからといって、俺がこうなっちゃうと、俺が間《あいだ》へ入ってんだから、俺にもいいのを。そこんところは、〝イリーグリ〳〵〳〵〟で判ったな。そういうわけだ。幇間《よいしょ》呼んでこいよォ。〝ヨオン〟てなものをな」

「え、ええ」

「じゃ、ひとつな、ぶっ込めー、海の見えるところへ。何でもいいから」

なんてンで登楼《あ》がって、〃さァー〃てンで、お酒飲んで、〃ヨオッ〃とやってるうちに、

「今晩はァ」と入ってくる。「来た〳〵、来た〳〵いッ。〃パーッ〃といけいッ」と。

〃〽チャカチャンチャカ、スチャラカチャンチャン、チャンチャ、チャカラカチャンチャン。ヨオ〳〵、ヨオ〳〵、瓢箪《ひょうたん》ばかりが浮き物か。私もこの頃《ごろ》浮いてきた〃なんていうふうに。

「イヨッとォ。大将ッ、ヨッ、うん、五人男揃《そろ》いました。ウオーッ」

てなもんで、〃ウエー〃てンで大騒ぎだ。『相撲甚句《すもうじんく》』だの、やれ何々踊りだ、わけの判んないのでドンチャン騒ぎになる。

「アハァー、アハハハハ」

「コリャ、コリャ、コリャ、コリャ」

「コリャ、コリャ、コリャ、コリャ」

「コリャ、コリャ、コリャ、コリャー」

「アイヨ、オーリャー、オリャ、オリャ、オリャ」

「えー、四天王のお歴々《れきれき》、〃コリャ〳〵〃は結構でござんすが、そろ〳〵引け時っていうこ

とンなりましたが、如何《いかが》でしょう」

「引け時？　いいじゃねえですか。〝お引けえなせえまし〟ってぐらいなもんで、引きますよ。

どうだい、そろ〳〵いいだろ？　いいだろ、いいだろ、いいだろ？」

「それじゃあ、あのねェ、お引けえなりましたらですな、お部屋へ入って、そろ〳〵〝ちょうつる〟で、喋々喃々《ちようちようなんなん》お楽しみの前に、四人《よつたり》揃って、手前の部屋へちょいと顔出してもらいたいんですがね、手前の部屋、判りますか？」

「あ、そうですか。判りました。ええ〳〵〳〵。

おい、いつまで飲んでんだよ。飲みたきゃ部屋ェ持ってきてもらったって、いいんだから。

じゃ、いい？　いい？　いい？　いい？　ヨオッ、行こう。

うーんと、何処《どこ》だって？　こっちだって？　あ、ここか」

「ええー、今晩は。今晩はァ」

「はい、どうぞ」（佐平次）

「〝どうぞ〟って、開けていいんですか？」

「いいですよ」（佐平次）

「入ったら、後ろ閉めて。

あれっ？　独《ひと》りですか？」

「あー、独り」（佐平次）
「相方《あいかた》は？」
「ええ、まあ〳〵、まあ〳〵ま」（佐平次）
「で、相方《あいかた》ァ……」
「相方ね、うん、いいですよ、それは」（佐平次）
「で、〝用があるから、ちょっと顔を〟って……」（佐平次）
「そう〳〵。いや、あの場所でもよかったんですがね、ちょっとあそこでは言いにくかったんでね」（佐平次）
「何です？」
「ええ、ええ、割り前ですよ」（佐平次）
「ウフッフッフ、来たよ、おい。これだよォ。どうしましょう」
「何です、〝どうしましょう〟ってのは」（佐平次）
「だって、こんな、〝こういき〟の、〝こういき〟の、それで〝お直し〟〝お直し〟って、一円どころか、下手《へた》すりゃ、これ、四両《よりよう》、五両じゃすまねえでしょ？」
「うーん、そりゃそうでしょうね、あんだけやりゃァね。十両といかないまでも、六、七円いくでしょう」（佐平次）
「〝いくでしょう〟って、一円の割り前ということで……」
「そう〳〵、そうです。それを出してくれればいいんだ」（佐平次）

「私、預かって、ここに四両《よりよう》持ってますけどね、これェ……」
「そう〳〵、それェ出してくれればいいんです。そういう約束でしょ。あとはどうぞご自由に」(佐平次)
「ああそうですか。それで、これ……」
「はい〳〵、これもらって、話はこれだけです」(佐平次)
「はァー。それはどういうことで」
「いや、〝どういうこと〟って……、あ、そう〳〵、朝ね、明日《あした》お帰りになるんでしょうけども、〝夜の明けぬうち〟っていうわけにいきませんけどね、早間《はやま》に、ちょいと夜が明けるか明けないか、そんなのが見えるぐらいんなったら、ちょっとここを引き揚げて」(佐平次)
「それは構わないですけどね。夜が明けてスッと引き揚げる、いいですよ、ああ、別に。一緒に帰んないんですか？」
「私は帰んないんです」(佐平次)
「ああー、豪華なもんですな。ずっとここへ居続けをするという」
「いやァ、〝居続け〟っていうのかなァ。とても四両やそこらじゃ勘定足《た》んないでしょう。だから、この家は帰さないですよ。ずっと私はここにいるようなことンなる。居残りだね」(佐平次)
「居残り？　えっ？」
「ええ」(佐平次)

「勘定ができるまで」

「そう〳〵、そう〳〵。勘定できないんですからね、私には。当分ここにいますよ」（佐平次）

「止《よ》しなよ、馬鹿なことを。どうもおかしいと思った、貴方《あなた》。そんなことするんなら、何とでもしますからね、我々で」

「いい、いい、いいんですよ。大丈夫ですよ。そんなもの、驚きゃァしませんよ。殺さないでしょう、別に」（佐平次）

「殺しゃァしないだろうけど、聞くところによると、こんな大きな樽《たる》ン中へ入れられて、周りでもって、ドンドコ〳〵叩《たた》かれたりして、〝あっちィやれ〟〝こっちィやれ〟の、やれ、〝あれをやれ〟〝これをやれ〟……」

「うん、うん、いいんです。〝あれやれ〟ったって、人間が人間使うんだから、大したことないんでしょ。大丈夫です。ご心配なく。いい、いい。どうぞ〳〵楽しんでくださいよ」（佐平次）

「何だァ、そりゃァ」

「いいじゃねえか、向こうで〝いい〟つってンだから」

「ま、そうだけどさァー」

「いいよォー」

「ええ、いいんですよ、何も。変にそんなことどうのこうの、悪いも何もない。いいじゃない、面白かったじゃないですか。これは大事ですよ。はい〳〵、はい〳〵。はいどうぞ。はい、じゃ、そういうことで、明日、はい」（佐平次）

夜が明けると、四人《よったり》がスッと引き揚げちゃう。佐平次と称すこの男一人だけが、ここへ残った。

日が昇って明るくなってくると、いつまでもっていうわけにいかないんで、

「えー、お早《はよ》うございます。お目覚めでございますか。お早うございます」

「えーー、あい、あい」

「えー、お目覚めでございますか。寝言ではないよね。開けましてよろしゅうございますか？」

「あァ、開けましておめでとォー。あー、あー、あァ、あァ。うわァ、はァ、はァ、はァ、はァ。ウエーーー、ンーーー」

「如何《いかが》でございました？」

「えっ？」

「如何？」

「あ、昨夜《きのう》？　ああー、良かったねェ。良かった、良かった、良かった、良かった。昨夜は浮かれてねェ、こんなんなってっとねェ、ふっと小便すると、人間小便で正気に返るっていうけどネ、いやァ、〝良かったなあ〟なんて思うの。昨夜《ゆうべ》はね、小便しながらね、これは愉

快だな、〝ビューン〟なんていう、そういうようなとこでね。アッハッハッハッ、結果は良かったねえ。いけた。こっちも良しね、ああ、これが良しで、ええ、幇間《よいしょ》もほどが良くて。四人《よつたり》帰ったろ？　朝早いんだ。朝早い仕事だよ。あんな服装《なり》してんのが、あれがまた変わるんだ。これが面白いんだ。朝早いのは荷って言ゃァ荷だけどね、朝、ちょいと回ってえと、〝ズンダ〳〵〳〵、ズン〟っていうんだ。いいねェー。四人喜んだろう。あれで喜んできてね、俺とまた関《かか》わりなく、あっちはあっちで、〝裏ァ返して、馴染《なじ》み〟……とくるってえと、ドン〳〵ドン、この店にね、蔵が建つってなもんだ。ああ、良かったよ、喜ばせといて。ありゃァいい客だよ」

「あ、そうですか。ありがとうございます。で、手前……」

「ああーーいーと。起きてね、喉《のど》が渇いてんだよな。〝酔《よ》い醒《ざ》めの水千両と何とやら〟っていうけどね、水もいいけどなあ、水よりも酒のほうが面倒臭《めんどくさ》くなくていいんじゃねえか？〝毒は毒をもって制する〟というんで、あれをグーッとひとつね、ちょっと燗《かん》をひとつね、ちょっときつめにしといてくんねえかなァ。昨夜《ゆんべ》の酒がねェ、口に残ってるんで、ちょっと甘みでなく、ちょっと辛《から》みにするかなァ。美味《うま》いから飲み過ぎちゃったぐらいなもんでね。何かねえかな、ちょいとこんなことすんの。牡蠣豆腐《かきどうふ》なんてのは乙《おつ》だっていうけどなァ、刺身のがいいやァ、いっそのことォ。鮪《まぐろ》かなんかの中トロかなんかでもってな、ちょいと山葵《わさび》をきかせて、活《い》きのいいのを摘《つ》まみに、グッとこういうふうに」

「そうすると、あのゥ、お直しになりますね」

「そう〳〵、〝お直し〟ですよ。もうお天道様《てんとうさま》出てきてるでしょ。向こうのほうで、ピカ〳〵ピカ〳〵なんつってるところでもって、帰るわけにいかねえし、直してくれ」

「へい、かしこまりました」

「じゃ、頼む」

言われたものが来る。飲む。昨夜《ゆんべ》の酒が迎えに出るから、〝ユウー〟ってなもんで、いい心持ちンなってな、〝摘まみ〟の、〝飲み〟の、そのまんま〝ゴロン〟と横ンなると、よくしたもんで、風邪《かぜ》引かぬようにと掻《か》い巻《ま》きがさっと掛かってくる。時が経《た》つ。やがてエ、何処《どこ》から来たのか、ポルツガルだかオランダだか知らねえけども、大きなこんな時計が〝ボワーン〳〵〟って三つ鳴ると、いつまでも寝かしてはおけないんで、

「ちょい〳〵と、ちょっとお客さん、ちょいと〳〵……」

「おゥ〳〵おゥ〳〵おゥ〳〵。三時でしょ。判ってる。夢ン中でね、〝ボワーン〳〵〟と音がしたの。よくあるね、夢ン中で犬が〝ワン〳〵ワン〳〵〟と吠《ほ》えてるとね、起きると〝ワンワン〟吠えてんだ。あれみたいなもんでね、夢と現《うつつ》の間で聞く三時の鐘《かね》。〝ボワーン〳〵〳〵〟てなもんでねエ。

おーっとォ。ああ、身体《からだ》がネチャついてやんの。嫌《いや》だなあ。ちょいと、湯ゥ沸いてるだろ？　〝終《しま》いの湯〟ってのは白粉臭《おしろいくさ》くていけねえから、いま湯ゥ行ってな、昨夜《ゆんべ》の汚れをすっきりしてな、髭《ひげ》なんぞ剃《あ》たってってね、いい男ンなってね、鏡見て、〝あれっ、これが俺

か？〃なんて思ったりなんかするんだ。ちょいとな、すまないけど、シャボンでも糠袋《ぬかぶくろ》でも何でもいいから、手拭《てぬぐ》いもちょいと貸して」

「ええ、ありがとうございます。結構なんでございますが、手前、これで替わり番になりますんで」

「ああ、そう。〃替わり〃？　お替わり。どうぞ〱」

「いえ、手前、後の者と替わります」

「どうぞ〱、ご自由にどうぞ。いけないなんて言ってませんよ、はい」

「いえ、あのねえ、替わるにつきましてですねえ……」

「ハハハハハハハハハハハハハー、アーーオーーーワン。バン〱バーン」

「いえ、替わるにつきましてね、一度ここでお勘定……」

「あああああーーーいー。うーん。うん〱うん〱うん、〈パン〉。そそそそそ、ちょい待ち。そういうこと言っちゃァいけません」

「いや、あのねえ、一応ここでお勘定」

「あーあーあーああー、そういうことを、野暮《やぼ》なことを言ってはいけません。そんなことはないんです。これにはいろ〱あってね。あのな、人間ってのはねえ、〃切りがねえ〃ってのがあるじゃないですか。どっかで切りをつけるという」

「だから……」

「いや〱、そういう意味じゃない。話は最後まで聞かなきゃね、人の話は。話は最後まで聞かなきゃだめよッ。でねえ、人間ってどのぐらい飲めるものか、どのぐらい遊べるものか、ネ。いくらいい酒が来ても、もう〝これ〟だと。いくらいい女がこんなんなって、スッポンポンになって来てね、〝ああー〟なんて来ても、もう〝ちょいと御免被《ごめんこうむ》ろうじゃないか〟と。どんな者が来ても、こうです。ポヤン〳〵ポヤン〳〵ってなるまでね、それ、味わないと判らねえんだ。

だから今回はね、こうやってこう、ああやったらこんなんなるなんて、そんなんじゃねんだ。遊《い》くだけ遊《い》くんだ。〝ウワー、ワン〳〵、ガンヤ〳〵、デンガ〳〵デンガ〳〵デンガ、ブンヤ〳〵〟……やるだけやっといて、これはもう駄目だってなったら、勘定が〝バーン〟となってる奴を、一度《いっぺん》に〝ドーン、バーン、ワーン、サーーン〟って、こういうことなんだ。アハハハハー。手拭《てぬぐ》い貸してくれ。お湯行ってこよう。湯ゥー」

こういう奴は驚かねんだ。

湯から上がってきて、

「アハハハハ。えーー、俺ェ、エッヘッヘッヘッ、ヤー、ドン。あーー、さっぱりしたね。綺麗《きれい》でね、金魚《きんとと》が泳いだりなんかして。嘘《うそ》だけどさ。風呂《ふろ》へ入ると、こう揉《も》まれるでしょ。揉まれるとね、そこがね〝ポーン〟と沈むんだよね。俗に空腹《きたやま》っていうやつだね。〝飯《まま》はまだかいなァ〟なんてなことンなるんでね、〝ポーン〟と引いたんでね、なんかこんなものってのは、嚙《か》むの面倒臭《めんどくせ》えなあ。いっそのこと入れちゃおうか、ねェ。嚙まないですむのあるじゃないですか。お腹ン中で一緒ンなってね、こんなんなって、こんなことして喜んだりなんかして、こんなんなるようなやつ。あれ持ってきてもらおうな。鰻茶《うなちゃ》ってえの、俺、食《く》ったことない。美味《うま》いんだってなァ。お前、食ったらどうだ、鰻茶かなんか。俺、ご馳走《ちそう》しようじゃねえか。ああ、いこう。ええ、鰻茶でいこう」

「いえ、あのォー、手前、先ほど言いましたが、手前、ここで替わり番になるので」

「同《お》んなじこと言うなよォ。同じこと言うと風邪《かぜ》ひくよ、ほんとに、えェ？　同じことは一つこと。いいの、判ったんだ。〝替わる〟んでしょ？　どうぞ〳〵。お替わり。さよなら、はい。バイバーーイ」

「あのねえ、替わるってのはねえ、ちょっ〳〵、ちょっと〳〵、こんなことしてないでよ。ちょっとォ」

「はい。何です？」

「勘定……、勘定」

「ワーッ！　ワッ、ワーン、〈ドン〳〵ドン〳〵〉。手前《てめ》え、こういい気持ちになってるときに、〝勘定、勘定〟って。君ねえ、さっきも言った。私は勘定を忘れてるんですよ。勘定忘れてるところへ、〝勘定、勘定、感情を害す〟ってのはどう？　これ」

「ふざけてんじゃねえよ。〆《しめ》てくれよ、一応、よォ」

「〝〆る〟？」

「ああ、ああ」

「〆る。〆たッ。首なんぞ絞めたりなんかする悪い奴いるなァ」

「払ってくれってのよ」

「払った。敷居《しきい》を払う、払う」

「払えよ、おい、おい、おい、おいッ」

「ええ？　お払い、お払い？　屑屋《くずや》お払い。〝お払いの一席〟なんて、落語家はそんなこと言ってんね。〝毎度……〟」

「ふざけてんじゃねんだ、おい。おいッ、へら〳〵してねえでくれよな。こっちはこっちで商売でもって口利《き》いてんだからよォ、おい。払ってくれよッ。四人《よったり》帰ったのと、五人の払ってくれ。おい、おい」

「判ったよ〳〵、判ったよォ。判ったよ。最初《はな》から判ってんだ、そんなの。なぜ俺が、こうやってフワ〳〵フワ〳〵こんなこと言ってるかってえの。手前《てめ》え、酒が酔えねえなァ。それが判らない、やり方を間違える奴を、馬鹿っつうんだ。判ったよ。判ったけど、俺は何でこんなことやってるんだァ？　俺は、これがおかしいんでこんなことやってると、手前え思ってんのか」

「ええ？」

「まあいいよ、そんなもの。何で俺がこんなことやってるかっていうんだ。四人《よったり》だよ、お前。昨夜《ゆんべ》から判ってるもんじゃねえのか？　四天王が主《しゅ》で、俺はその間を繋《つな》いで、どうのこうのやってるってえの。向こうが何だってンだ。遊んでたあの四人、そのまんま来たんで、俺が訳ェ話して、訳ありでこうなんだよ。明日が面白くなるんだよ。〝何だ、あんな者〟と思われたくはねえだろ、向こうが。同じ遊んで裏ァ返すんなら、昨夜《ゆんべ》の今晩《きょう》のほうがいいだろうと。馴染《なじ》みつけさせないようじゃ、花魁《おいらん》の腕の悪いところだ。裏ァ返さないようじゃ客の恥だくらいのことは百も承知、二百も合点《がってん》のお哥《あに》ィさんだ。

昨夜の何がスパッと変わるかってえとなァ、縞《しま》ンなったり、袷《あわせ》ンなったり、紋付《もんつき》はねえだろうけども、いろんな色とり〴〵で、〝どうでえ、昨夜の今晩で来ようじゃないか〟ってンで、下《くだ》ってきた俺がここでもって待ってる、待ってる。繋いで、〝いやァ、えーい〟ってやってんのを、それも判らないで、〝勘定ォ払え〟って言いやる。帰《けえ》るよ、俺は払って。奴ら払えやいいんじゃねえか。持ってこい、幾らだってんだァー。こういうわけだよ〟と。こんなところ二度とくるもんじゃねえ。四人《よつたり》行こう。河岸《かし》ィ替えよう、吉原、柳橋《やなぎばし》へって。あばよ〳〵。幾らだ、持ってこいッ」

「いや、そういうことを言われても、私は……」

「だったら持ってこいよ。えーい、たァー」

言われた物をまた持ってきて飲んでな、そのまま寝ちゃって、夜が明けちゃってな。

「お早《はよ》うございます。お目覚めでございますか。お早うございます」

「ヨオッ！　ワオッ！　コケコッコーー、ワオーー」

「お目覚めですか」

「あーあ、ああ〈パーン〉」

「昨夜《ゆんべ》来なかったですね」

「津波？」

「えっ、〝来なかった〟？　何か来《く》んの？　津波？」

「〝津波〟じゃねえよォー。四人《よつたり》がさ」

「あ、〝四人〟、俺と一緒に来た、同行の、四人な。四天王。えっ？　うん、うん。どうしたかなァ。そんなわけはねえんだけどなァ。何かあったねェ、おい。そんなことねんだよォ。何かあったのかなァ。知らない？　お前」

「知りませんよ」

「おかしいねえ。そんな奴じゃないんだよ。何でだろ、何でだ、〝何でだ何でだろう〟。何かあるねえ。落とし穴へ四人落っこったっていうことはねえから、何かあるね。だけど、何だなァ、これからねエ、三時ンなって、〝ボワン〳〵〟となる頃ンなると、いいねェー。こないだの格好じゃァ格好悪いってンでね、これも見せようってンで、粋の塊《いきかたまり》みてえな格好ね。縞《しま》ンなったり、給《あわせ》ンなったり、無地があったりなんかしてな、乙《おつ》な下駄《げた》を履《は》いたり草履《ぞうり》引っかけて、〝トントン〳〵〟と来るのを、〝イヨッ、面白い〟ってンでね。遊んでな、裏ァ返さないようじゃ客の恥だ。馴染みィ付けさせないようじゃァ花魁の腕の悪いなんぞ、百も承知、二百も合点のお哥《あに》ィさんだ。昨夜《ゆんべ》の今晩《きょう》の……」

「勘弁してくれねえかなァ、えェ？　内証《ないしよ》（会計）のほうでね、とにかく〝勘定、勘定〟って、間《あいだ》へ入った俺も、正直言って困ってんだよ」

「ああー、俺だって困ってんだ」

「だって来ねえじゃねえか」

「そうなんだよ。どうしたのかねェ」

「迎えに行ったらどうなんだ。何なら、ついてったって……」

「迎えに行くのはいいんだけど、何処《どこ》の人だかな」

「だって、一緒ンなって、友達……」

「友達……友達なんだけどね、新しい友達なんだよね」

「何だ、〝新しい友達〟ってえのは、えっ？」

「いろ〳〵あるじゃない、古いの、新しいの。いや、新橋《しんばし》の烏森《からすもり》で飲んでたんだよ。なか〳〵持ってこねえんだ。酒だよ、俺ンとこへね、持ってこねえんだ。で、〝何をしてやんだ、この野郎。百姓《ひやくしよう》待たせたって、江戸っ子待たせるな、このバカヤロウ〟ってね、あの鼻の赤《あけ》え女、ほっぺた膨《ふく》れた女を怒鳴《どな》ったんだよ。野暮《やぼ》だけどよ。〝早く持ってこい、この野郎！〟〝へい〟なんて。〝へい、じゃないよ。おォ、手前《てめ》え、何か持ってこい、この野郎。早く持ってこいってンだ。俺は待ちに来たんじゃねえんだ。俺ァ、酒ェ飲みてえから来てるんだ。早くしろォ、この野郎！〟って啖呵《たんか》切った。いいだろ？ 〝百姓待たすんじゃねんだ。百姓待たせても、江戸っ子待たしちゃいけねえ、この野郎。早くしろォ。何してんだッ〟……なか〳〵いいだろう？」

「そんなことはどうでもいいよ」

「で、四人《よったり》がこっちにいてね、〝この家《うち》は混んでるから、なか〳〵ねェ、こういう時があるんです。まあ、いいでしょう。文句《じぶ》くらずに、来るまで繫《つな》ぎでいかがですか〟って言うから、〝それなら恐れ入ります〟なんてね。文句《じぶ》くってるのも変だと思うから、いただいたところへ、こっちへ〝お待たせ〟って言うから、こっちも注《つ》ぎますわね。〝ご返杯《へんぱい》〟〝ご返杯〟、また〝ご返杯〟……杯やったり取ったりしているうちに、〝話が合うねェ。嬉《うれ》しいねェ、えェ？　芝居の話が判ってね、今時の流行《はやり》が判って、昔話ができて、洒落《しやれ》が判って、離れがたいねェ。このまんまってのは勿体《もつたい》ないね。どうしましょう〳〵〟〝どうする〳〵〟というんで、〝じゃ、いっそのこと品川あたりへ繰り込みましょうか。場所が場所だから、近くてようがしょう。それ行け〟って、〝バーッ〟と来てね、四人《よつたり》でもって〝ウエー〟って。私がいて五人で、〝ウエー〳〵ウェーウェー〳〵〟つって、朝ンなって、スーッて四人は帰っちゃったんだ。何処《どこ》の人だか、あれね」

「おい、おい〳〵」

「〝おい〟じゃない、バカヤロウ。だから言ったろ、〝こういうの気をつけろ〟って。お前にそう言ったろ、〝パア〳〵してる奴に碌《ろく》な奴はいねえ〟つったろ。何でお前、ここまで来る間に勘定を催促しないの、催促を」

「催促するんだよ」

「してない」

「するんだよ。〝お勘定くれッ〟つうんだよ。〝何か食べよう。イヨォ、〈トン〉〟、こんなことする。〝お勘定は？〟〝勘定は忘れてる〟〝おい、勘定忘れる奴があるか、こん畜生。この野郎、手前え〟」

「お前、〝伊達《だて》にね、この遊里《さと》に何年も居《い》るわけじゃない。心配ない〟なんて、そんなこと言うからね、こういうことんなるんだよ。あっちィ行けよ。おい〳〵」

「ヨオ、ハハハー。お替わり、はい、おあと、何です？」

「えっ、何とかしろ、勘定」

「アハハハハーーーアアアーーー」

「これ〳〵、これ〳〵」

「勘定、勘定……。判ったよォ。判ったよ。だから、早い話が、ここでいろ〳〵使った金を、〝ドン〟とここへ払えばいいと、こういうことですよね」

「そうだよォー」

「ないんだよ、それが」

「冗談言うない」

「冗談言うような、そんな悪い人間じゃない。ないものはない。ないんだ。だから四人《よつたり》の来《く》んのを待っててんじゃないですか、なァ」

「来ないんだろ?」

「来ないんだよ。だから困ってンです」

「こっちだって困るじゃない。知ってるところあるのか?」

「ええ」

「どっかあったら、親類に、幾らか銭入れ《これ》てくださいとか」

「ある〳〵、ある〳〵。みんな金持ちで、俺だけこんなことしてんだから。みんな金あるんだよ。叔父《おじ》さんがね、小樽《おたる》っていうところにいて、これ、金がねェ……。鰊《にしん》が来ると、若衆《しゅう》が大勢いてねェ。小樽……」

「蝦夷《えぞ》だか北海道で、行けるわけねえじゃない」

「行けないけど、〝ある〟というんだよ。徳島のねェ、田能村《たのうむら》の久兵衛《きゅうべえ》さんって人がいてね。……NHKのあれ、面白くないよ、あれ。……あとはねェ、新潟かなァ。これは江戸っ子なんだけどねェ」

「それで、銭《かね》の融通はつかないのか」

「つかないッ。逆さに振っても鼻血も出ない」

「で、どうなるんだ?」

「〝どうなる〟って、しゃァねえですね。成り行き、成り行きだい、成り行きですよ。あのねえ、新聞でね、あれ折ったんです。私、器用ですから、こういう煙草《たばこ》入れを作《こし》えた。それでェ、花魁《おいらん》の古い煙管《キセル》があったから、これをちょいとばかり借用いたしまして。でェ、煙草がありましたんでね、それでこれ、だいぶ膨らんでますから、当分、これで籠城《ろうじょう》できますんでね、行灯《あんどん》部屋のほうへ下がって……」

「この野郎、心得てやらァ、〝行灯部屋〟だってやんの。今どき、行灯部屋なんてない」

「行灯部屋はないんですよ。〝居残りは行灯部屋〟ってえのは、昔の話ですわな。今はだから何処《どこ》へ……」

「布団《ふとん》の部屋ッ」

「ヨォ、布団、いいですね、暖《あつた》かくてネ」

「布団に寄っかかっちゃァいけない」

「布団に寄っかかると、営業ね、商売に触《さわ》るなんぞは百も承知。心得てるお哥《あに》ィさんですから、判ってます。何処《どこ》です？　え、何処？　ああ、ああ、はァ」

「とにかくこの部屋、空《あ》けてもらおう。部屋空けて」

「空けます。空けましておめでとう」

「ふ～～～ん、ああ～～～、ん～～～。何処《いずこ》の方《かた》かと見てあれば、ここですか。ああ、いいですねえ、こんなところで。人間なんて、こんなもんじゃないですか。〝立って半畳《はんじょう》、寝て一畳〟ですか。〝天下取っても二合半《にごうはん》〟だか〝五合半《ごんごうはん》〟だか、そんなもんですよ。いいですねえ、この辺のところがちょうどよろしいいんじゃないですか、無駄がなくて。えェー、手前ここにおりますんで、お暇《ひま》のときにはどうぞ遊びに来ませんか、ネ。いろ〳〵話をしましょうよ。〝自由民権運動がどうのこうの〟とかネ、〝ヒヤ〳〵〟とかネ、〝デモクラ何とか〟ってあるじゃないですかねェ。〝世界に羽ばたけ何《な》ァーンとか何とか〟っていう話をいろ〳〵、〝文明開化のこの日本を何処《どこ》へ持っていく、どしよう〟なんというネ。〝浦賀《うらが》の黒船は帰りました〟なんて、あれ、酷《ひど》いですね。あんなこと……。アーハーハー、当分ここにおりますから、どうぞ皆さんによろしく。はい〳〵はい〳〵、ヨオ、ヨオ、ヨオッ、ハア、ヨッ、アアー、ダッ、ダッ」

何だかわけが判んねえ、こいつはな。

このまんまそこに居たね、こいつ。二日三日はどうしてたのかネ。談志《あたし》ゃァ知らない。何処でどうやってたのか、知らない。そのうちにね、夕方が来るとね、台所にいるんだ、この野郎。

「大きなお鉢《はち》ですな。ははァー。どうですか、このお鉢に残ったこれをあけて、ここへ残ったご飯粒を捨てちまう。こっちも空《から》ンなったから、ああ、勿体《もったい》ない〳〵。じゃ、手前が後をいただいて」

なんて、これ食ってやんの。

「その漬け物などは、ちょいとこちらのほうへ」なんてネ。

で、夜が明けるとね、二階の上の屋根の物干《ものほ》しみたいなとこへ上がってね、そこでね、お天道様《てんとうさま》出るの待ってね、〝ヤッ、ヤッ、ナァー〟体操してる。

女中が上がってくると、

「ヨオッ、手前がお掃除を引き受けて、いや〳〵手前にお任せ、スウー」

こういう具合にペロッと尻《しり》っ端折《ぱしょ》りやって、雑巾《ぞうきん》持って、〝ヤーーッ〟てンでね。それから、〝下の廊下などもいきましょうか、ヤーッ〟てンで掃除を始める。

昼過ぎンなると、女郎《じょろう》なんかが起きてくるとね、そこへ、

「ヨオ〳〵ヨオ〳〵」〈トン〳〵トン〳〵〉

「駄目よ、こんなとこへ入ってきちゃァ。男の人の来るとこじゃないわよ。あっちへ……」

「いいよ、いいよ、男ってほどのもんじゃないんですから。だらしがないもんですから。何か《か》買い物《もん》があったら、ちょっと行ってきますから。え？　ああ、〝敷島《しきしま》が二箱〟……ああ、なるほど。そっちは〝小菊《こぎく》を……紙を〟、へェ〳〵、へェ〳〵。え？　〝お手紙を書いて〟？　あらあら〳〵、来たんですか？　代わりに読みますか。え？　〝読んでもらった、返事が書けない〟。返事は私に、どういうことを書きたいかっていうことを言ってください。〝会いたい〟とかね、〝ちょいと会いたい〟とか、〝たくさん会いたい〟とか、〝お金が欲しい〟……いろんな書き方して代わりに書きますよ、スラ〳〵スラッと。いろんなの書けますから、いろんなこと書いてね。〝自《みずか》らことの始まりは〟なんと書いたり、いろんなことしたりなんかして、ニガウリでもアッパッパ。

あら、それはねェ、あー、ごめんね、こんなこと言っちゃ悪いねェ。違うんです。それがちょっとね、ちょいとこれが三下《さんさ》がりなんです。ネ、これ、ここへこうやって上げるんです。

ここ上げておくんです。それで、〝ガーン〟と〝ピッピーン〟と上げておくんです。この歌知ってますでしょ？〝知ってるけど唄《うた》えない〟？〝覚えたい〟？これ教えます。

ここんところをね、こう曲げてやるとネ……」

馬鹿に調子がいいんだ、こいつネ。

「ああそぅお？　じゃ、すいません。ちょっと私にも煙草《たばこ》買ってきてくれないかしら」

「巻紙《まきがみ》買ってきてよ、私にも。居残りさん、お願いします」

「こんなこと、居残りさんでもいいかなァ。今晩《きょう》ね、ちょっと混《こ》み合ってんの。それで、ちょっと繋《つな》いでてくれない？　お客さんを」

「ええ」

なんてンでね、野郎が何のかんの重宝《ちょうほう》している。こういう人間てえのはいるんだろうね。

「何してやがる。〝来てくれ、来てくれ〟って言うから、しょうがないから来たんだ。手紙だか状だか寄越《よこ》しやがって、えェ？　来てみりゃァ、何のことはねえや。誰も来やしねえ。遣り手《おばさん》も顔出さねえ。新造衆《しんぞしゅ》も来なきゃ、一言いうわけでもないし、あーあ、何してやんだ。〝来ねえのどうの〟言やァ、〝甚助《じんすけ》じみてる〟とか〝野暮《やぼ》だ〟とか言やがって、ほんとに面白くねえ。独《ひと》りでこんなことするためにここへ来たんじゃねえんだ、まったくぅ。

刺身持ってきやがって、醬油《したじ》ィ持ってこない。醬油《しょうゆ》がなくて、どうやって魚を食うんだよ。〝猫じゃねえ〟って言いてえね、この野郎。ふざけやがって。やれ、〝来ねえ〟のどうのこうの言ゃァ、〝野暮だ〟の何だの言う。銭《ぜに》使って気ィ使ってりゃァ世話ねえ、まったくなァ。あー、面白くねえな、あん畜生《ちくしょ》ォー。あー、何やってんだ、あん畜生！　あーー、この野郎、この野郎」

「今晩はァ」

「何だい」

「お醤油《したじ》持ってあがりました」

「早くしろッ」

「へい、どうぞ。〈パーン〉ヨオッ」

「何だ」

「いえ〳〵いえ〳〵。お醤油《したじ》、〝しょうゆうことは気がつかなかった〟〝したじい間柄〟なんつって」

「この若え衆《し》の顔、あんまり見たことない」

「エーーー、ワオーーー、若い衆みたいなもんなんですよね」

「何だ、〝若い衆みたいなもん〟だってのは」

「えエー、何か言っちゃァいけません。〈パン、パン、パン〉貴方《あなた》、なんでしょ？　貴方は……当てますよ、デンデレ。貴方はね、紅梅《こうばい》さんの勝《かつ》つぁんだよね」

「変な世辞《せじ》言うな、バカヤロウ。別に〝紅梅の〟ってわけではねえが、紅梅ンとこへ通ってる勝次郎《かつじろう》」

「ヨオ〳〵ヨオ〳〵ヨオ、サイッ〳〵。天晴《あっぱ》れッ」

「何言ってるんだ」

「大変なんですよ。貴方はね、勝次郎さんでしょ、ネッ。みんな違うんですよ。〝ウチ勝つぁん〟っていうんですよ、貴方のことを」

「何だ、その〝ウチ勝つぁん〟というのは」

「花魁《おいらん》がですよ、何ぞというと貴方の話をする。雨が降ってくるでしょ。パラッとくると、〝あら、ウチの勝つぁん、何処《どこ》で濡《ぬ》れてんのかしら。可哀相《かわいそう》ねェ〟てなことを言うんです。〝この料理、これ、ウチの勝つぁんに食べさせてあげたいなあ〟〝あ、これ、ウチの勝つぁんに見せてあげたい〟……何ぞてえと、〝ウチ勝つぁん、ウチ勝つぁん〟って言う。貴方は〝ウチ勝つぁん〟で通っちゃってンで、何でも〝ウチ勝つ〟ってくらいなもんで。エッヘッハッハッハッ。ああー、そうおォ？　うーん、凄《すご》いんだよ。酒、ご馳走《ちそう》してくんない？」

「変な奴が来やがったなァ。ま、独《ひと》りで飲んだって面白くねえから……」

「いや、その、こういうことでなくて、面倒臭いから、こんなことなしにしましょう。その湯飲みンとこにあるそれ、それをひとついただいて、いえー、お酌《しゃく》には及びません。自分でもって、これをね。あれっ、いや〳〵。ああ、じゃ、これもちょっとこっちのほうへ入れると沢山《いっぱい》になる。何でも沢山《いっぱい》でなくちゃいけません。うーん、いい酒でしたよ。いやァ、あのねェ、貴方、何でしょ？　この家へ八時ちょいと回ったあたりで、貴方来ましたよね」

「見てた？」

「見てたんじゃないんです。花魁が違うんです。あの花魁ってのはね、〝男なんて〟って顔してますね。男嫌いっていいますか。それほどじゃァないでしょうけどもね、仲間、朋輩《ほうばい》衆《しゅう》がね、〝あの男がどうの〟っても、そんな話は、〝ウチ勝つぁんがいるからね、そんな話は……〟っていう顔をしてるんですよね。それが、貴方が来たっていうのが判ると、もうそこでもってネ、違うんです、いつもと。こうなってるのがね、〝花魁、あの人来て嬉《うれ》しいんでしょう〟なんて言うとね、〝ありがとう〟なんて言うんです。〝ありがとう、あァ、ありがとう、あァ、アイガトウ〟ってことンなっちゃうんですよ。どうにもこうにもね、あんな花魁をメロ〳〵にしちゃうってンだから、貴方、凄《すご》いんだよォー。

人の知らないいろんな手ェ使うんでしょ。上から攻めたり、下から攻めたり、あっちのほうからこんなことやったり、こんなことやったり、こんなことやったり。アッハッハッハッハッハッ。あーー、骨なしだよ、堪《たま》ンないよォー。あーあァ。箸《はし》貸してくんねェかな。ちょっとお刺身を」

「おい、食い物を取りまくるなよ、おい〳〵」

「こないだね、こういうことがあってね。朋輩衆《ほうばいしゅう》がバタ〳〵〳〵ッってしてるうちに、〝バタ〳〵バターッ〟。紅梅花魁《こうばいおいらん》の声なんだ。あれっと思ってね、ふっと下のほうからこう見たら、何かあったんでしょうね。で、〝トン〳〵〳〵トーン〟と二階へ上がってって、廊下を〝パタ〳〵パタッ〟て、自分の部屋を〝パッ〟と開けて〝ピシーッ〟と閉めたら、元へ戻ったっていうんだから、よほど強かったというのが判りますね。私も心配だから上がって、こっちのほうから見てましたがね、閉まった、閉まった。閉まってもちょっと開いたとこから、判んないように、ちょっと〝ツーッ〟と開けるような、入らないような。判るでしょ？　そしたらね、〝私があの人のことで何でこんなに言われなきゃならないの。悔しーい、じれったい〟って言うとね、燗冷《かんざ》ましを温《あった》めたやつを、ぐーっと熱燗《あつかん》にしたやつを飲んだら、目元が〝ボーッ〟と桜色ンなって、綺麗《きれい》々々々、可愛《かわい》い〳〵可愛い〳〵。それで三味線《しゃみせん》を取ってね、弾《ひ》いて唄《うた》ったその都々逸《どどいつ》が堪《たま》らないネ。野暮じゃないんだよ。下から出てくるんだね。〝ポ〜用はなし　話しゃなおなし　只《ただ》何となく　逢《あ》いたくなったが惚《ほ》れたのか〜……って、〝ポーン〟と上がった調子、堪らないねェ。思わずネ、〝アッ〟と言いたくなったんだよ。アホホホー。凄《すご》いたって何たってねェ、うーん。いくらか小遣《こづか》いくんない？」

「変な奴が来やがったよな」

「敷島買った残りが、ワッ、エッ？　そんな額じゃないんです。多寡《たか》じゃないんですね。〝こういうものに対してこうやった〟ということンなって、貴方がこうなるんですね。すと、こういきますでしょ。〝パッ、シャーッ、ピュー、デーン〟てンで、ヤッ、ハアーー」

「すいません、どうも遅くなって。とにかくね、煩《うるさ》いの、酔っぱらった人がさァ。……何？　この人。貴方、呼んだの？　え？」

「いや、呼んだわけじゃねえ。〝醤油《したじ》がねえ〟って言ったら、持ってきてくれた」

「ああ、そう、うーん」

「若え衆《わけし》だろ？」

「若い衆じゃない。居残りよ、これ。勘定払えなくて」

「居残り？　お前さん、居残りさん？」

「アー。アアー。アーウーー」

「貴方、何で来たの？」

「いえ、廊下を通りますとね、いささか焦《じ》れ気味という、こちらの大将がね、〝醤油《したじ》がなくて生魚《なまざかな》が食えるか。猫じゃねえ〟なんていうお叱《しか》りがありましたんでね、どっかに〳〵……と、こう見渡したら、隣の可《か》しく花魁《おいらん》のところへ蕎麦《そば》の台が入って、それが食べ終わって、これ、廊下へ出てましてね。徳利《とくり》ン中振ってみると〝コトン〟と音がしてね、小皿にあけてみると、同じような色をしてるから、とりあえずこれでご辛抱《しんぼう》願おうかということでもって、繋《つな》ぎの間、ちょいと、いろ〳〵ありのほうへドーンと持ってって、ヨオンてなもんで」

「これ、蕎麦のたれか。こらァどうも妙な味がすると思った。変な物、持ってくんな」

「えェー、ま、そういうこってござんしてねェ、そういうわけで、もう〳〵、いろ〳〵とあとは二人の世界で、喋々喃々《ちようちようなんなん》朝まで、夜が明けるまで。ワーーー。手前はこれで失礼。手前、一人淋《さび》しくこんなんなって、〝ホーホケキョ〟なんてなことンなって、堪《たま》らないですよ。手いや〳〵いや〳〵、ヨオッ、色男、ハッハッハー、ダン〳〵ダン〳〵ダン〳〵ダン。ドバーンキュー、ハアーー」

何だかわけが判んねえ。

何かあるてえと、

「どうも」

「何だい?」

「いえー、〝何だい〟っていうことじゃないですね。〝何だい〟なんて言われるとね、〝そうかい〟なんてなことンなったりしましてね。ちょいとお邪魔しますよ。独りでござんしよ?」

「独りだよォ」

「そうなんですよ。〝独り〟はいけません。独りより二人、二人より四人《よったり》、四人より五人、六人、七人、八人、九人、〝ドーン〟というんでね、〝ドドン、ドン〳〵〟〝ヨオッ、ハッ〟ていうこの呼吸」

「だから何だ」

「〝だから何だ〟たってね、もうすぐ来るところでね、来るまで二人で、何かしましょうか。ヤットナ〳〵」

「何をくだらないこと言ってやんだ」

「いやァー。だけど、こういう話があんだよ」

「……うーん。それからどうなったんだい」

「ですから、そこで、こう〳〵で、こうなっちゃった」

「ふーん。それはほんとに？」

「ほんとですよ。そいつのことをいろ〳〵知ってる親類の弟と私は親しい」

「ふん〳〵ふん〳〵。それってえと何かい？」

「旦那《だんな》の着物と掛けて何と解く」

なんて、変に話が上手《うま》くてね、この野郎ね。ネタがなくなると、
そんなこと始めてね、だん〳〵だん〳〵客のほうが慣れてきてね。

「おい、お兼《かね》どん」

「はい」

「〝はい〟じゃねえや。なんか盛り上がんねえな、今晩《きょう》」

「そうなんですよねえ。こういう日ってのはあるんですよね。何がどうってことじゃないんですよ。なんかこうねエー。ごめんなさい。若い妓《こ》でもちょっと多く呼んで、こっちのほうで何とでもしますからさ。ネ、機嫌直してさ、ネ。ねエ、皆さんいいでしょ？」

「いいけどよォー。なァ、おい、何か面白くねえな」

「面白くねえな、あれ呼ぼうか、なァ。あの居残りどうした。いるか？」

「おりますよ」

「あれ呼べよ、あれ。変な女呼んでくるより、あのほうが面白《おもしれ》えや。〝ズズン〳〵、ドンドン〳〵〟つうの。〝ヨオッ、ハッ〟て奴な。あれ呼んでこい、呼んでこい」

「ああそうですか。判りました。

……ちょいと、居残《いの》どーん」

「へェーイ」

「十三番さんでお座敷ですよ」

「ヨイショー! ヨオッ、ヨオ、ヨッ、ハッ。ヤッハッ〳〵〳〵。〝ハッ〟ときましたら堪らないね。世の中ってのは、〝いろ〳〵あり〟の成り行きで、ズン〳〵、ドン〳〵、ズドンズドン〳〵ズドン。それ行けッ、ドドドドドド。助けてくれー! ウワー、ウワーてなもんで、一杯いきますか」

「行けーッ」

「ワー! サー!」

何だかわけ判んない。二階を稼ぎ始めやがった、この野郎がね。

こいつ、いい奴だね。凄《すご》いね。自分で喋《しゃべ》っていながら、この野郎は凄《すげ》え奴だな、と自分でいま……、自分の落語に酔ってやんの。始末が悪い。

で、二階稼ぎ始めたからね、ほかの若《わか》い衆《し》が、

「おい、おい、おい、善《ぜん》さん、善どん」

「〝え？　え？〟じゃねえ。ちょい〳〵」

「何だい」

「〝何だい〟じゃないよ。近頃こっち、ほまちが来ないだろ？　祝儀《しゆうぎ》が来ないだろ？」

「うん、そう言やなァ」

「〝そう言やなァ〟つってやる。あれだけ客が立て込んでんだよ。なぜ来ないと思う」

「何だい」

「〝何だい〟ってやんの。居残りにみんないっちゃうんだ。どうもおかしいと思ったんだ、こっちもな。こないだ、兜町《かぶとちよう》の旦那《だんな》かなんかが来て、随分大勢で来てたよ、五、六人で。〝座がしらけて面白くねえの、どうのこうの〟って言ってたらしいよ。で、お兼どんが〝芸者でも呼びましょうか〟つったら、〝芸者は要《い》らねえ。居残り呼べ〟つったよ。で、〝居残《いの》どーん〟ったら、野郎〝へェーイ〟ってやんの。〝十三番さんでお座敷ですよ〟って言うと、野郎、〝ヨイショ〟って言やがってね、尻《しり》っ端折《ぱしよ》りしやがって、そこンとこへ半分の股引《ももひき》みてえの穿《は》いてね、なんかの変な、黄色い褌《ふんどし》してやがってね、それをヒラ〳〵持ったりなんかして、こんなことやりながらね。何だかわけが判んないんだよ。

　こないだも、〝この褌をこの息子の力で背中に担《かつ》いでご覧にいれます〟。見てたよ。そしたら、〝エヘン〟とか〝ウフン〟と言いながらね、〝ウッ〟て掛け声だけで、出さねえんだよ。

〝もうすぐ出す〟てなこと言って、〝今晩《きょう》は調子が悪い〟そんなこと言ってる。すと、〝ワッ〟と受けてンだよ。何だか判んないんだよ。

それで、〝こんなこと〟して〝こんなこと〟すると、向こうのほうでもね、〝こんなこと〟してね、〝ズン〳〵ズン〳〵〟つうと、〝ドン〳〵ドン〳〵〟つうんだ。〝ヨオ〟てえと〝ハーッ〟つうんだ。馬鹿々々しくなっちゃったよ、俺は。みんなあいつにいかれちゃってんだ」

「あ、そう。どうする?」

「このままじゃ潰《つぶ》れちゃう。堪《たま》ったもんじゃねえから、俺も旦那に話ィつけたからね、ちょいと一緒に付き合ってくれよ」

「いいよ」

「判ったね」

「うん」

「あ、いた〳〵〳〵。オーイ、居残りさん、オーイ、居残りさん、居残りさん、居残りさん」

「ヨッ〳〵ヨッ〳〵、ヨオン〳〵、嬉《うれ》しいね。えー、どちらですか、お部屋は。伺《うかが》いますから。ドン〳〵ドン〳〵ズン」

「そうじゃねんだよ。ちょいと話があるから、旦那ンとこへ行くんで、ちょっと来てくれいますよ」

「おォ、旦那ンとこで。ああ、はあ〳〵。旦那がお呼びで、旦那と。ワッハッハッハ。伺よ」

「旦那、居残りさんを連れて……」

「はい〳〵はい〳〵、ご苦労様です。はい、開けて。お前さんたちは向こうへ行ってください。二人で話をする。あとを閉めてください。あ、お前たち、あと閉めて。

私はこの店《うち》の楼主《あるじ》です。名前はどうでもいいですがね、楼主です。良三郎《よしさぶろう》と申します。名前はどうでもいいんです。でね、いろ〳〵貴方がここにいるということについてね、貴方にもいろいろ言うこともあるし、こっちもいろ〳〵あるけども、お互いに今そんなこと言ってもしょうがないんでね、なかったことにしてくれませんか。今までのことはなかったことで、このまんまスッと店《うち》から引き揚げてください。それでいいです。なかったことにします。私も男ですから、嘘《うそ》は言わない」

「ああ、申し訳ありません。そう言われると、ほんとに、穴があったら入《へえ》りてえ、顔から火が出るって、このこっちゃァねえかと思うんでござんすが、そうでござんすか。どうも相《あい》すみません」

「じゃ、判ったね。なかった……」

「いえ、それなんですがね、気持ちは嬉《うれ》しいんですが、いま私は表へ出ると、事と次第により、ほとんどこの場所も目が光ってるのが大勢いますんで、〝御用〟とお縄《なわ》がくるだろうと、あっしは思いますんでねェ」

「〝御用〟と？　……と、お前さんが追われてる」

「ええ、ええ」

「何で」

「人殺しこそしませんけども、ガキの頃から手癖《てくせ》が悪く、抜《ぬ》け参《めえ》りからグレだして、夜討《よう》ち（碁《ご》打ち）といって、寺々や……」

「どっかで聞いたような文句だね」

「強盗《たたき》、火付けはしませんがね、土蔵破《やじりき》り、泥棒《かっぱらい》……」

「ちょっと待っておくれ。そんな者がここんところへいたということが判るだけで、下手《へた》ァすりゃ、うちは潰されちまうよ。今まで知らなかったんだけど、これ、知ってたんだろうということに……、これから知ってたというこたァなって……、なるだろう。今までは〝知らない〟でいいよ。これで知った以上、ここにいられたら、うちはお前さん、えらいことになる。潰れちまうよ。助けておくれよ。出てっておくれ、お願いだから。大丈夫だろ？　旅ィかけるなり、何処《どこ》なりとでも」

「行きたいのは山々なんですが、先立つものがねえ」

「どのくらい？」

「ここにいりゃァ金もかからないが、ちょいと一足《ひとあし》遠くへ出ると、何するにも、もとは金。

金、金、金で、五十とまとまりゃァ何とか。五十円、五十円」

「はい、判った〳〵。

ああ、そこにいるの、誰だ。お常《つね》か？　さっき私が書いてたところに、小引《こひ》き出《だ》しンところに風呂敷《ふろしき》があったろう。その風呂敷ンとっから、中に……、いや〳〵、風呂敷ごと持ってきな、こっちへ。はい〳〵。お前は向こうへ行って、向こうへ行って、向こうへ行って。あのねェ、これ、ちょうどと言うとあれだけどね、お前さんが言った額がちょうど入ってる。何なら調べてみてくれ」

「いいえ、旦那が言うんですから間違いない。じゃ、これを私が……」

「じゃ、これ持って。これもなかったことだよ」

「ありがとうございます。このご恩は、骨が舎利《しゃり》ンなっても忘れはしませんで。だけど、この風態《なり》で出ても」

「ああ、そう。

何か着るもののない？　誰かの」

「できましたら、こないだ出来てきました旦那の結城《ゆうき》の対《つい》がァ……」

「〝対〟は出来てきてるよ。だけど、お前さんに合うかね、丈《たけ》が」

「ええ、一昨日《おととい》着てみたら」

「はい〳〵。判った〳〵。あのね、そこのォ……じゃ、まあいいや。

お前さん、一緒に行って。はい〳〵、はい、はい。ああ、こっちへ来て。ああ、なるほど〳〵。ほかには？　ああ、〝懐紙《かいし》と手拭い〟。はい、判った〳〵。じゃそれは……、あー、まあいいや。私の持ってる物、これとこれ。これですっかり……」

「何から何までありがとうございます。くどいようですが、この恩は、骨が舎利ンなっても忘りゃァしません。どんなことがあっても、ここであったことはないことに……」

「それだけは頼むよ。いいね。そのために……」

「判ってます。骨を焼かれようがね、舌ァ抜かれようが、あっしがここに居たっていうことを……、へい。そういうわけで、旦那も達者《たっしゃ》で」

「私のことはいいから。それじゃあ」

「どうもありがとうございました。ごめんくださいまし。ごめんくださいまし」

「はい。おい、そこにいるの二人だろ？　誰だ、えェ？　開けて」

「何です？」

「あ、今いた居残りの人がいたろ。あの人をな、ちょっと送り出して、何処《どこ》へ行くか、こう見て。おそらく街道のほうへ行くだろうけど、表からちゃんと送り出して、あと見て」

「それ、勘弁してくれませんか。人の話を盗み聞きしちゃいけねえって言いますがね、そらァ怒られてもいいです。聞きました」

「ええッ？」

「あの野郎……。あの野郎に、さんざっぱら飲んだり食ったり踏み倒された勘定があってね、それでもって五十でしょう。そんな奴はどうでも……」

「そんなこと言うなよ。私が〝ないことにしないと困る〟と、そう言ったんだから、やっちまったんだから、とにかく表から……」

「あァー、勘弁してもらいたいねェー」

「いや、遣《や》りますよ。ここに居させるわけにいかねえですからね。じゃ、同じ遣るなら、表からだけは止《よ》しましょうよ。裏から返しましょうよ」

「あんな者《もん》に裏ァ返されたらあとが怖い」


ありがとうございました。一口に言うと、『居残り』を演《や》らせた、または演らせてくれた、今日、町田《まちだ》のお客さんに心から感謝します。ありがとうございました。

私は、まあ、知っている方は、これは言うまでもないんですが、胸が悪くて、胸の養生《ようじょう》をするために、〝四円、四両《よりょう》もらって、品川で治すために居残りをする〟というのが従来ですが、あんなものはどうでもいいと。この野郎、別に養生をどうするでも何でもないんだ。ただ成り行きなんだ。これだけなんですよね。

ほんとに人生成り行きで、落語ン中へ出てくる、さっきの『二人旅《ににんたび》』の婆《ばば》ァも凄《すご》いけどね、『よかちょろ』の若旦那ね、または「らくだ」、死んじゃってますがネ、それから、この「居残り」、この野郎、ただ成り行きだけで、右に左の滅茶苦茶《めちゃくちゃ》になっちゃうつうの。

余談ですがね、私の知人にね、帝国ホテルの居残りってのいやがったんだ。これ、実話なんだ。名前を挙げると、志野《しの》っていう奴《やつ》なんだけど、電話かかってきてね、〝ラーメン食わしてくれ〟って。帝国ホテルに泊まってんだ。俺に、帝国ホテルのものは食わせてくれるの。踏み倒しちゃうんだからね。だけど、外へ出ると、赤提灯《あかちょうちん》は勘定を払わないといけない。金がねえんだ、この野郎。で、俺に〝奢《おご》ってくれ〟って。
そしたら、その支配人だか副支配人くらいが来てね、〝勘定払ってくれませんか〟つってンだよ。とねェ、「君ねェ、ここんとこ祭日でしょう。祭日に何か言っちゃおかしいよ」なんつってンの、これね。こいつ、『居残り』も何も知らないんですよ、落語も。でも了見《りょうけん》そっくり同じなんだよ。
「ここで返しちゃあネ、ここで勘定なんか言っちゃ、師匠のいる前で、そういうことを言っちゃいけませんよ。駄目ですよ。それでも、石鹼《せっけん》がないから、ちょっと持ってきてくんねえかなァ、ちょっとなァ」

これで帝国ホテルを踏み倒しちゃうんだ。「帝国ホテルの居残り」っていうのも凄いねェと思ってねェ。犬丸《いぬまる》さん（元帝国ホテル社長）も、こういうのが居るのを知らねえだろうと思うけどね、そんなのがあるんですネ。

歳《とし》によって、いろ〳〵この人間像も、自分の了見で変わってくる。キザに言えば、全部自分の分身みたいなもんでね。『居残り』を演れたという今日は、喜びで酒を飲みます。どうもありがとうございました。

（二〇〇四年三月二十七日、町田市民ホール）

見事でした、我ながら……。

終わって、そこ（舞台裏）にいた係の女性に抱きついたくらい、喜びに酔いましたっけ。

談志イリュージョン落語の粋《すい》でした。

無意識のアドリブが縦横無尽《じゅうおうむじん》に走り回り、〝居残《いの》どん〟が勝手《かって》気儘《きまま》に動き、それを談志《わたし》がカメラを持って追っている、そんな感じであった。

ついでにいうと、この日、楽屋の態度が悪かったので、〝俺は帰る〟と言って会場を出て町田《まちだ》の駅のほうまでブラ〱歩き始めた。で、連れ戻された。結果、いい出来であった。

芝浜《しばはま》

「お前さん、いつまでそうやって、そのォお酒飲んでんの。酒飲むのはいいよ、別に。いま始まったこっちゃないから。商《あきな》いに行かないってのはどうなのよ」

「うんー、なあ」

「何言ってんのよ、〝なあ〟っての。冗談じゃないよ。飲んだっていいよォ。休みが月跨《また》いじゃってるじゃないか、ほんとにィ。どうにもなんなくなっちゃうよォ。いつから行くんだか、それだけ聞かしておくれよね。覚悟っていうか、考えがあるから。いつから行くの？」

「う……、うーん」

「いつから行くの、それだけ聞かしとくれ、ネ」

「煩《うるせ》えなァー」

「煩《うるさ》く言わなきゃ判《わか》んないと思うから。今まで言わなかったのよ、私。言いたかないけど。言ってないだろ？　こんなこと。一言、いつから行くの？」

「明朝《あした》から行くよォー」

「え？」

「明朝から行きゃいいんだろ？」

「ああ、行きゃァいいんだよ。それでいいよ。話はお終《しま》いよ」

「だから今晩、飲みてえだけ飲ましてもらって、明日《あす》への祝いだ」

「何が〝祝い〟だァ。……判ったよ」

持ってきた酒、太平楽《たいへいらく》ゥ並べて飲んでな。

「ちょっと起きて。ねえ。ちょいと〳〵」

「あァー」

「ねえッ」

「何だい」

「〝何だ〟じゃないよォ。商いに行っとくれ、商いに」

「何だい、その〝商い〟ってのは」

「〝商い〟って、お前の仕事だよ。魚屋だよ。魚河岸《かし》行ってきなよ」

「何で？」

「〝何で〟もあるかね。商人《あきんど》は商いに行くんじゃないかね。お酒ばっかり飲んでて、お前さん行かなくて、昨日《きのう》、私は聞いたよ。〝いつから行くの〟ったら〝明朝《あした》から行く〟って。今日だよ。今日のことよォ。昨晩《ゆんべ》なんか〝その代わり飲ませろ〟って言うから、〝ああー、判った〟てンで、方々《ほうぼう》から……。そんなことはどうでもいいよ。私《あたし》がやったことなんだから。

飲んで太平楽ゥ並べてて。その朝が来たんだから行っとくれ。ネ、行きなよ」

「そんなこと言ったのかえ？」

「言ったさァー」

「誰《だれ》か聞いてたか？」

「何言ってんのよ、バカヤロウ。お前さんが言って、私が聞いてたよォ」

「全《ま》ァったく面倒《めんど》臭《くせ》えなァー。物にはついでってのがあるから、休みついでにひとつ、もォーな……」

「いいから、ほら支度《したく》をして、そこに……」

「仕様《しよう》がない。こらァ、ここんとこに、うーん……、ぅん、なァー」

「何が〝うーん〟だよ、ほら、そこ。ああ、そう〳〵そう〳〵、そう〳〵そう〳〵」

「〝そう〳〵〟はいいけども、俺《おれ》ェー、久しぶりだけに、おい、盤台《はんでえ》大丈夫か？　おい。えエ？　箍《たが》ァはじけて、あいつはすぐに……」

「水張ってあるよォ、そんなもの。昨日今日《きのうきょう》、魚屋の女房ンなったわけじゃねえやね」

「庖丁《ほうちょう》は？」

「磨いといたァ」

「草鞋《わらじ》は？」

「出てます」

「煙草《たばこ》ォ」

「ええ？　ああ、ああ、ああ、あ、いや、こっち、うーん。ああァ、ポン〱ポン〱言わないで、全《ま》ったくゥ。久しぶりに行くんだから、気持ちよく行ってきなァ。草鞋が新しいよ。気持ちがいいだろう？」

「何言ってやがるんだ、そんなもの。〝草鞋が新しくて気持ちがいい〟？　何だか判んないこと言やがる。行ってくるよォー」

「頼んだよォー」

「頼まれねえよォー。何言やがんだ」


「嫌《や》だ〱、なあー、えェ？　真っ暗なうちに……。みんな寝てやんだ。よーいしょ。あァー、寝てていい気持ちなんだろうなァ。起きてみると、しみ〲それが判るねえ。あァーあ、うん、ああーーあ。そんな早くしなくたって、みんな昼から始めりゃよかったんだ、魚屋も。誰《だれ》だ、最初に早く始めやがった奴《やつ》は。捕《と》ってきた奴がいけねえのかな。朝の魚が新しいってわけじゃねえだろうよ。こんな愚痴《ぐち》言ったたってしょうがねえし。暗《くれ》えねエ、おい、えェ？　大概《てえげえ》、この辺からボーッと赤くなるけど、魚河岸《かし》が起きてねえってのはふざけてやんねエ。何だい、おい、えェ？　あァー、……いや、そうじゃねえぞォ。うーん、魚河岸が遅いのかねエ。俺が早いのかねエ。魚河岸が一軒なら、俺が早《はえ》えってのはあるけど、こんだけだから、俺が早過ぎたのか。鐘《かね》が鳴ってやんの。ああ、切り通しの鐘だよ」

〝ゴーン〟……。

「あァあ、面白くねえなァー。他《ほか》に音はねえのか、この野郎。〝ギーン〟とか〝ガーン〟という。〝ゴーン〟だけで芸のねえ野郎だな。畜生《ちきしよう》、ワアー！　畜生。あ、嬶《かか》ァ、時刻《とき》を一つ間違えた。これだ。馬鹿《ばか》はねえな。クアーッ、腹立つねェー。あー、もう行かねえ。だから俺、嫌《いや》だったんだよ。帰《けえ》ろ。帰《けえ》って、あの野郎、足腰の立たねえほど蹴《け》り倒してやろう。

駄目だ。あァあー、うーん……、畜生！　あーゥ、あァー、ウエッ。あァーあ、ぅん……、あァー。

ああーいい匂《にお》いだねェ。ぅーん、悪くない。この匂いに染まってここへ来てるんだがな。魚のことを〝生臭《なまくせ》え〟って言った奴がいる。いい物食ってねえから。〝磯《いそ》臭え〟って言えよなァ。あァあー。〝生臭《なまぐせ》え〟は嫌《や》だね。

おーう。やァーうーやい。青、波。青畳《あおだたみ》を敷いたようだっていうけど、波のねえときはねえんだよな。必ずあるね、〝サー、サー、サー〟。大きいときは凄《すご》いね、〝ドブーン、ウワーー〟。大きいのを波（並）とはこれいかにだね。あれは上《じよう》とか何とかっていう話だな。並でなく上《じよう》……、一人で洒落《しやれ》言ったたって面白くも何ともねえ、そんなもの。

ぅーん……。ぅん、うーんあっせ……ええー？　革財布《かわざいふ》でござると。うーん……砂が入ってござる場合はござる。重とうござる。中を開けたら〝百両ォー〟ってことが、ござるわけはないでござる。砂が入って……」

「〈ドン〳〵ドーン、ドドドドーン〉おっ嬶《か》ァ、〈ドン〳〵〉」

「あ、開《あ》く〳〵〳〵。締まってない。開くの、開くよ。開くっての。開きます」

「何言ってんだよ。あァ驚いた」

「どうしたの?」

「誰か追っかけてこねえか? 追っかけてこないかね」

「……来ないよ」

「そうか、じゃあいいけど……」

「どしたの? 誰とやったの、えェ? 喧嘩《けんか》」

「喧嘩じゃない。時刻《とき》を違《ちげ》えて、お前、起こしたな」

「ごめん。そう言われると一言もないんだ。ねぇー、私としたことが……。ま、長いこと朝起きなかった……。いや〳〵、まあ、すいません。追っかけたって、足が敵《かな》うわけないからねえ。で、うーん」

「そんなことはどうでもいい。外は暗いし、鐘が鳴って初めて判った。それから俺はもう、〝二度と出てくるもんか〟……いや、まあ、とにかく浜ァ行って、顔洗って煙草《たばこ》を吸う。すると水ン中でヒョコ〳〵してる物がある。魚だか、何だか判んない。水に紐《ひも》を引っかけてみて、えっ、財布が出てきた。〝ああ、銭入《ぜにへえ》ってる。銭入ってる! 銭入ってる!〟……おいィ……」

「えェ？　財布……財布？　財布を、何だね？　放って。……これ？」

「こいつに銭入《へえ》ってる。銭ッ、銭ッ、銭ッ、銭ッ、銭ッ、銭ッ」

「銭なんてもんじゃないよ、お前さん。金《かね》だよ。二分金《にぶきん》だよッ」

「いくら？　え？　いくら？　数えろよ」

「触って大丈夫？　いいのかねェ」

「金は天からもらったらいいじゃねえか」

「ちょっと待ってくれよ。こんなの私《わたし》は、見たことも触ったこともないからね、どっちから数えるのかね。こっちかねェ。こっちかねェ」

「自分の好きなほうから数えろよォ」

「一《ひと》、二《ふう》、三《みい》、四《よう》、五《いい》、六《むう》、七《なあ》、八《やあ》、九《ここ》の十《とお》。一、二、三、四、五、六、七、八、九の十。

「一、二……」

「いくら……、いくらある？」

「いくらあるか判んない」

「勘定《かんじょう》してるだろうが」

「勘定してるだけだもの、判るわけないじゃないの」

「ひとよ、ひとよ、ふたよ、ふたよ、ふたよ……」

「シーッ、大きな声をして……」

「みっしょうや、おっしょうえ……、いっしょうか、むっしょうえー、ななんなあ……八……九……十五……二十……三十……四十《しじゅう》……四《し》、四十二両《しじゅうにりょう》あろうか」

「〝どうする〟ったって、拾った俺のだよォ」

「だって、落とした人がいるんだろ、えェ？　落とした人がいるから、お前さんが拾ったんだろ、えェ？」

「そらァ——……、拾ったんで落とし……。だけど、お前《め》え、道端《みちばた》で拾ったんじゃねえぞ、俺はお前、海ン中から拾ったんだぞ、えェ？　下手《へた》すりゃ何処《どこ》行くか、藻屑《もくず》……、判んなくなっちゃうんだ、お前。海ン中のものは魚屋のもんじゃねえか、お前」

「そうかねェ」

「そうだよ、お前。山ン中でもって仕留《しと》めた獲物《もの》は山の猟師《りょうし》のもんだ。海は海の漁師《りょうし》のもんだ。……ええッ？　何処《どこ》へ持ってってどうしようってンだ、お前。落とし主が判りゃァ別だが」

「そりゃそうだよねェ」

「何処へ流れちゃうか判んないんだもん」

「うん。ちゃんとしたまま出てきて、ねェ、お前さん見つけて、お前さんが使ったほうが、お金のためにもなるよね」

「そォよォ」

「よかったねェ、えェ？」

「〈パン〉飲めるよ、ぇェ？　お前だって、何処だって連れてってやるからな。そんなお前、セコいのを着て、洗いざらした浴衣《ゆかた》にねェ……。うん、越後屋《えちごや》でも何でも、何処でも行っていい。買ってこい、なあー。アッハッ〳〵ハッ〳〵ハッ。おい、よっ、えェ？　あァ堪《たま》んねえネ。おい、誰か呼んでこいよ。三公《さんこう》でもいいよ。ちと飲ましてやるから。金無《かねい》らずで、いつもあ奴《いつ》らにゴチになってんだ。義公《よしこう》は？　え？　いるだろうよ」

「寝てるよ、まだ」

「起こしゃいいじゃねえか。〝飲ませる〟ったら、みんな喜んで来るような奴だよ」

「起きりゃ、商《あきな》いに行かなきゃなんねえじゃないか」

「商いなんて、あんなもの、〝それの代わりに払ってやる〟ったら、それで済むじゃねえか」

「金で済むとこはいいかもしれないけど、向こうだって仕事ってのは、なか〳〵そういうもんじゃないと思うよ。いや〳〵、呼ぶのは構わないけどさァ」

「酒屋へ行って、まず、ドーンと落ち着いてな、キュッ、クゥー、チュー……」

「起きてないよ、酒屋はまだ。飲み残りがあるから、飲めばいいじゃない」

「え、ある？　おォー、持ってこい〳〵」

「あると思う」

「あ、そう」

「……キューッ。うん、うん、うん〳〵うん〳〵うん〳〵。フッハッハッハ。うーん、美味《うま》い。美味いッ。あーーあ。昨夜《ゆんべ》の飲み残りだってぐらい知ってるよ、そんなもん。昨夜と同じ酒だって違うよォー、お前。えェ？ 大金持ちンなって飲む酒だぞ、おい。明日《あした》から商《あきな》いに行かなきゃならねえなんて酒じゃねんだ。アッハッハッハッハッ。

あーあ。あァーー。ア、ア、ウン、ウ？ あーー、あー。え、あ、ああー。

うん、ああー、随分残しやがったな、おい。よーし、よし〳〵。うん。え？ 〝ハゼ〟？ ああ、美味い。普段、こんなものは、あまり美味《うめ》えと思ったことないけど、美味《うめ》え。ああー。ハッハッハッ。いけね、いけね。ああ、下帯《したおび》に財布からの塩水が染《し》みてやがる。まアー、いいいい〳〵。ハッ〳〵ハッ〳〵ハッ〳〵。

ああ、一眠《ひとねむ》りする、昼頃まで。朝湯へ行くけど、寝てたら起こしてくれ。銭湯《ゆ》ゥ行って、帰《けえ》りにはみんな呼んで、バーッと。

うーん、おー、おー、効いてきた、昨夜《ゆんべ》の酒が。〝ウイー〟ってね。〝おめでとうございます〟なんつって。いつもより余計におめでとうございます。アッハッ〳〵ハッ〳〵ハッ〳〵。ああーあ。あー美味《うめ》えなあァ。あァー、温《あった》かだね。あァ。あ〜あ〜あ〜あ〜〜やァ。まァ〜〜……ゥン。う〜う〜う〜うう〜〜にでも、う〜う〜う〜〜あ〜〜。アッハッ〳〵ハッ〳〵ハ。

おい、おい、おい、寝るよ、仕舞《しま》っとけ、〝四十二両〟。アッハッ〳〵ハッ〳〵ハッ〳〵ハ。あーー、アッハッ〳〵ハッ〳〵。うーん、うー、たー。あァあ。あァあだ。うん。あァー、美味い〳〵〳〵、美味い〳〵〳〵、あァー。

よし〳〵、よし〳〵。うーん、うん〳〵うん〳〵うーん。うーん、うーん、うーん、うーん。クァー、クァー、クークア。アアアアー、クア……」

「ちょいと起きとくれよ、ちょいと。ちょいと。勝《かつ》つぁん、ちょいと起きとくれよ。ドン、ドーンと」

「うーん、うーん、何だい、火事か?」

「商《あきな》いに行っとくれよ」

「ええ?」

「商いに行っとくれよ。時刻《とき》だよ」

「判《わか》んないんだけどさ」

「商いに行っとくれって、何で判んないのよ。商い。魚屋だろ?」

「ああ、判ってるよ、そんなもの。誰が行くかい。たかが魚屋の稼ぎなんぞ、屁《へ》だよ」

「何言ってんの、お前さん。何が〝屁〟よ。屁だか何だか知らない。それでもってお前さん、今まで生きてきたんじゃないの。屁のお陰《かげ》だよ」

「〝屁のお陰〟だってやんの、この野郎。志《し》ん生《しょう》みたいな口で喋《しゃべ》りやがって……」

「なァーに?」

「うん〜〜〜んんんん、へんな〜せ〜ん、いまし〜よ」

「大丈夫かい？　お前さん。頭どうかしてんじゃないの？」

「何言ってやんだ、ふざけたこと言ってやがって」

「ふざけてないよ」

「〝ふざけてねえ〟？　金はあんだろ？」

「何処《どこ》に」

「ええ？　何だ？　〝何処に〟ってのは」

「何処によォ」

「我が家《うち》にさァ」

「うちの何処？」

「お前、仕舞《しま》ったじゃねえか」

「何だか話が判んないけど、お前さんの話聞いてっと、うちになんか四十二両のお金があって、それを何処《どっ》かへ仕舞ったような話だね」

「そうよ」

「〝そうよ〟って、何それ。何なの、その四十二両っての。値《ね》の決め方もおかしいよ、そんなもの。百両とか五十両ってのはあるけど、四十二両って半端《はんぱ》じゃないか。どしたのよ」

「この野郎、手前《てめ》え。朝、芝の浜ァ行って四十二両拾ってきたじゃねえか」

「誰が」

「〝誰が〟って、この俺様だァ。お前の亭主だよ」

「ええ？」

「ちょっと待っておくれな……あ、それだァ。どうも変だと思ったら、お前、それだ」

「勝《かつ》だよ」

「何が」

「夢見てたんだね」

「誰が」

「お前がだよォ」

「いつ」

「今だよォ。起こされたじゃないの。魚河岸《かし》なんぞ行ってやしねえじゃない。なァーにを言ってんの。しっかりしておくれよ。今、はっきりしとくれよ、えェ？　行ってないよ。うーん、行かないよ、お前さん。今起こされたじゃない、えェ？」

「俺はお前《め》えに起こされて、俺は芝の浜行って、鐘が鳴ってて、うん、それで四十二両……」

「知らないもの。夢で起こされたんじゃない？　えェ？　いつ起こされたの？」

「あァ」

「夢なんだよ、それは。夢でなきゃ覚えてるじゃないか」

「だから覚えてるじゃねえか。俺はあの芝の浜へ行ったよ、ほんとに……」

「まあいいよ、〝行った〟としたっていいよ」

「行ったよ」

「行ってどうしたの。四十二両拾ってきたんだろ？」

「そうよ」

「何処《どこ》にあんの？」

「うーん、〝何処にある〟って、お前、お前が知ってんだろ」

「知らないから聞いてるんじゃない。何処にあんの。欲しいよ、それ。大して広い家じゃないよ。縁の下から天井裏まで調べたって、たかが知れてらァーね。そんな金があったら、私《あたし》は欲しいよ、えェ？　むしろお前さんに言わないかもしれないよ」

「手前《てめ》え、バカヤロウ。変なこと言うない」

「〝変なこと言うな〟って、お前さんの言ってることがよっぽど変なことじゃないか。私に起こされて、いきなり〝四十二両拾ってきた〟って。誰が何処でそんなこと信用する奴がいるもんか。バカヤロウ」

「何だ、〝バカ〟とは」

「バカじゃないか。冗談言うなよ、全《ま》ァッたくゥ。すと何かい、お前さん、四十二両拾ってきたっていうの？」

「そうよォ」

「それを私が〝猫《ねこ》ばば〟しちゃったたっていうのかい？」

「そんなことはねえけど」

「じゃ、あるはずだろ」

「そうよ」

「ないじゃないか」

「だから夢じゃねえか。いや、そうじゃない。だからァー、だからよォ、なあ、どうすりゃ判ってくれる」

「〝どうすりゃ判ってくれる〟って、判りようがないじゃない、えェ？　四十二両ってのが何処かにありゃァ判るよ。あるかもしれないけどさ、ないよ」

「だけどお前、そこへ丼《どんぶり》だとかなんかいっぱい、瓶《びん》などひっくり返《けえ》って……あれ、ええっ？あれはほんとなのか。あァー、〝連れてきて飲んだ〟……えっ？〝湯の帰りに〟。あーーあ。うーん、何だかよく判んねえ、うーん、よく判んねえ。夢か。お前はその金を、そんなことするような奴じゃないし、うーん、何だか頭ン中、判んなくなっちゃった。ぅーん……〈ポン〉あァー、夢かッ」

「そう」

「あー、昨夜《ゆんべ》、夢見たな、俺は。さあ、どうしようかァ、えェ？　ああー。払《はれ》えもあるだろうし、どっか行っちゃおうか。死んじまおうか」

「何言ってんのよ。何処行くも何も、行くとこなんてありゃァしないし、死んだってしょうがないじゃないの。稼ぎゃァいいじゃないか、そんなの」

「稼ぎに追っつく貧乏だよ」

「何言ってんだ。〝稼ぐに追いつく貧乏なし〟って、お前さん……」

「貧乏がずっと先のほう行ってるから、行ったって〳〵……」

「何言ってんの。一所懸命《いつしよけんめい》なんぞやんなくたっていいよ。普通に商いしてくれりゃァ。そんなもの、百《ひやく》ン日《ち》もありゃァ浮くよォ」

「ええっ、〝百日で浮く〟ゥ？」

「うん、浮かせるよォ。私《あたし》ゃそれが仕事だろ？　遣《や》り繰《く》りするのが」

「頼む。〈パン〉判った。いいよォ。よし〳〵判った。うん。もう、酒飲まない。お前に言ってんじゃない、俺に言ってんだから、気にしなくたっていいよ。あァ、あんなもの、何で飲むんだか判んねえ。うーん、いい話じゃねえよなァ。銭拾ってきた夢なんぞ見て、なァ、それで暮らそうなんていうのは、よくねえ。まだ稼いだ夢のほうがよかったよな」

「そ、そう」

「ああ、判った。いい、いい。ああ、酒断《さけや》めてちょいとやれば、何とかなるんだァー。エッヘッヘッヘッ。ならねえよ、おい。ほんとになるのか、おい」

「しょうがないわね、まったく男ってのは。なるよ」

「そう。じゃ、俺ァ商いに、明日と言わず、今日から……」

「そう、それがいいよ。今日から、行ったッ」

「あ、そう。今日から行って……なあァ、今日から行って……。だって、盤台《はんでえ》が干《ひ》からびて……」

「何言ってんの。昨日今日、魚屋の女房ンなったんじゃないよ。ちゃんと水張っといたよ。すぐ担《かつ》げるよォ」

「庖丁《ほうちょう》は？」

「磨いといた」

「草鞋《わらじ》は？」

「出てる」

「夢ン中にも、こんなようなところがあった……煙草《たばこ》……、仕入れの銭《ぜに》……、すまねえ。ありがとう。ええ、嬶ァ殿《かか》、恩に着ます。はい、はい、判った。はい。行ってきまァーす」

「喧嘩《けんか》しないでねェー」

「おーう」


今みたいに、あんまりものを複雑に考えなかったのかねェ。現代《いま》は選択肢があまりにも多過ぎるから、変わろうとする、つまり、AからBに変わる……『芝浜』の中に入れるような言葉じゃないけどネ、昔は変わりようが早くて〝よし〟と〝悪し〟が割と近かった気がするのネ。結論《そこ》へ行くまでが長くないんだよ。けど今は、〝よし〟と〝悪し〟の中間を〝ああだ、こうだ〟と分解する……現在《いま》の俺がそうだよ。

果たして薬《や》を止めてどうなるのか。〝お前は歳《とし》を考えろ。いつ死んだっておかしくないんだ。これ以上よくなるわけがないじゃないか〟……そういうふうにかかってくるとネ、そうか、〝飲むか〟ということになっちゃう。だから駄目なんです。

その年が暮れて、翌年が暮れて、三年目ンなると、店もいくらか広いところへ出るようんなって、魚仕出し「魚勝《うおかつ》」と……。

「おい、いま帰《けえ》った」

「ああ、お帰り。ゆっくりだねエ」

「ああ、隠居《いんきょ》と話が進んでな。面白いなあ、あれの言ってることは。聞いて判《わか》んねえのはないんで、これ聞いてこうやって……。いやァー、混《こ》んでるんでね、芋《いも》洗うようだ。無理はねえな、〝一年の垢《あか》を落とそう〟ってンだからなァ、ああ。

おい、炭火《ひ》は、もっと起こさなきゃ駄目だよ。掛け取りにくる人は、炭火が何よりのご馳《ち》走《そう》じゃねえか、えェ？　あァ、ケチなのか」

「ケチってるわけじゃないよ。済んじゃったんだもん。燃やしてたってしょうがないがね」

「何だ、〝済んじゃった〟ってのは」

「みんな、（返済は）済んじゃったのよォ。米屋が一番最後だよ。こっちが取りに行くとこは残ってんだけどさァ、向こうもいろ〳〵あらァね。だから来春《はる》永《なが》ンなってからで。そんときに貰《もら》って」

「うん、いい。判《わか》った。身に覚えがねえわけじゃねえからな。アッハッ〳〵ハッ〳〵ハ。ああ、判った、判った、判った。うん、うん、うん」

「突っ立ってないで、お上がりよ」

「上がるよ。いい匂《にお》いのわけだ。畳《たたみ》が新しくなってござる」

「そォなのよォー。さっき、お前さんに聞いてたろ？　〝どうしようか、どうしようか〟って。で、〝畳屋呼んでやっちゃってくれ〟って。やっちゃったのよ。いいよねえ」

「いいよォー。昔から言うじゃねえか。〝畳の新しいのと嬶《かか》ァの新しい……〟、いやァ、嬶ァの新しくないのはいい、喜ばしいことで」

「何言ってんのよ、あんた。ぅん、福茶《ふくちゃ》」

「えっ？　〝福ちゃん〟？」

「福茶だよ」

「〝福茶〟……あァ、そんなの知らないけどな、あァあ。ぅーん。ああ、縁起《えんぎ》担《かつ》ぐってこと？」

「そう」

「ああァー。ええ、うェーーいと。うん。ちょいと、それ、そこの、そっちのほうの茶ァ出してくれ。うーん、そうかァ。取りに行くとこはねえんだよな。え？　ああ、〝ある〟……そうか。〝取りにくるのはねえ〟ってね。あァ、いいねェ。うん。怯《おび》えなくてすむもんな。そう、〝稼がなきゃいけねえ〟〝働かなきゃいけねえ〟つうのはこのこったァ。そういうこった」

「そうよ」

「なァー、いろ〳〵お前《め》えにも迷惑かけてんなァ」

「何言ってんだい、まったく。お前さん稼いだから、今日があんじゃないの」

「だけど、お前がそう言ってくれたから、今日……。俺はお前のお陰だと思ってんだよ」

「何言ってんだよ。お前のお陰だよォ」

「〝お前のお陰だ〟つってるじゃねえかよォ」

「判った。じゃ、私のお陰だよ」

「そうだよ。……あァ、鳴ってる」

〝ゴーン〟……。

「あァー、こうやって聞いたのは、しみ〴〵聞いたなァ初めてだ」

〝ゴーン〟……。

「百八《ひゃくやっ》つ」

「百八つゥー……」

「百八つゥー……」

「百八つゥー……」

「百八つ。一緒に寝ようか、えェ？　ハッハ、照《て》れ臭《くせ》えか。百八つなァー。いやさ、おい
……雪が降ってきたのか……」

「どうして？」

「サラ〳〵、ほら、音が違う」

「違う〳〵、お飾りの笹《ささ》がこう触れ合ってる。私もさっき、〝おやっ〟と思ったのよ」

「いいねえ。笹が触れ合ってるなんて」

「うーん、こんなァ棒手振《ぼてふ》りの女房だって、〝いい〟っていうのは判るよ。〝何々やァ〟なんて詠《よ》む人は、いいだろねェ」

「そうだな、ああ、笹かァ。〝ささやーささささっさァー、ささやさっさァー〟か。あァ、そうだよな。俺《おら》ァ、湯《ゆ》の帰《けえ》りに空仰いだらな、満天の星だぞ。あァ違《ちげ》えねえ、いィーい日本晴れの正月だ。三が日は保《も》つァ。春から降られたら難儀《なんぎ》だからねェ、えェ？　〝年始に行く〟の〝行かねえ〟の、やれ〝待ってる〟の。おまけに飲める奴《やつ》はお前、朝からいーい春だよォ」

「お前さん、飲みたい？　飲みたいの？」

「いや、俺は飲みたかねえよォ。無理にじゃねえよ。だって、断《や》めちゃったじゃねえか」

「断めたって、飲もうと思えば飲めるよ」

「飲めるけどよォ、変なこと言うな、バカヤロウ、まったく、えェ？　あの話は嘘《うそ》じゃねえなァ。酒屋があってえと、ついこう行っちゃうからってンで、目ェ瞑《つぶ》って駆け抜けようとしたら、匂《にお》いが鼻へプーンとくるんで、鼻ァつまんで目ェ瞑って、溝《どぶ》ン中落っこっちゃったって話。話のほうじゃァ溝へ落ちるんだけど、落ちねえまでもね、そんなような気分があってねェ。今こうなってみると、酒の熟柿《じゆくし》みたいな匂いがしてると、〝嫌《や》だなあ、こんなものォ〟と思うくらいだよ。いいよう、要《い》らねえ」

「あ、そう。うーん、変われば変わるもんだねェ」

「ああー、うーん、そうだよ。悪かったなァ」

「悪くないよ。悪くないけどさ……。あのねえ、実は見てもらいたい品物《もん》があってね、話があんだけどね」

「ああ、何だい、藪《やぶ》から棒に」

「いや、〝藪から棒〟って……、ちょっと今気持ちの中へ出てきたもんで。で、見てもらって話をするよ、いいね」

「うん、〝見てもらいたい〟？」

「そう〳〵。で、私《あたし》がいろんな話をするけども、これ、お終《しま》いまで聞いてくれよね。約束しておくれよね、ネ」

「うーん。指切りげんまんなんて、しなくたって構わねえけど、要するに、早い話が、お前が話すのを枕《まくら》から落《さ》げまで聞きゃァいいってことなんだろ？」

「いいよね？」

「いいよ。じゃ、言ってくれよ。チャカチャン〳〵、チャカチャン〳〵……え？何だ、何だい」

「ちょっと待って。見てもらいたいのはこれよ」

「何だい。財布《せえふ》か？　古ぼけた革《かわ》の。ほおー、臍繰《へそく》りだァ。あァ、いやァー、臍繰るぐらいの器量がなきゃァ、お前、商人《あきんど》の嬶《かか》ァで保《も》ちやしねえやなァ。それはお前、お前のもんだ。

よく竹筒《たけづつ》入れたりなんかするけど、こういうとこへ入れときゃ判らないってね。ふん、なかなかいいじゃねえ。見なくたっ……、うーん？　随分重いねェ、えエ？　だいぶいきましたな。うゥーん、あァ、あァ、うん、うん、へえェー。借金取りが来なくて、取りに行くようンなった。その上に、これだけの……、はっはァー、偉いもんだねェ、えエ？　うん。ご褒美《ほうび》に半分くれるとか何とか言うのか」

「いいよ。そっくりあげるよ」

「あ、そう。そっくり貰《もら》わなくたって、お前の仕事だからね。

……おい、何だい、これ、おい。冗談じゃない。これは……、ええっ？　ククク、クッ、クククククゥー」

「数えてごらんよ」

「これ？　何だか知らねえけど、まあいいよ。お前が話を……。うん、判った、判った、判った。うん、うん。ちゅう〳〵たこかいな、と。蛤《はまぐり》は虫の毒……四十二両《しじゅうにりょう》あるよ。これ、あれだよなァ。臍繰ったわけじゃねえよなァ。こんなに臍繰れるわけがねえもんな。お前が臍繰るなら、俺もこん中へ入れられちゃうぐらいなもんだ。あァー、話はそれか。何だい」

「見覚えない？　革財布、えエ？　四十二両」

「〈ドーン〉手前《てめ》えッ、あんときに俺の夢を……。話してくれ。〝話はお終いまで聞く〟って、それか。よし、聞こうじゃねえか。何だッ」

「（半泣き）嬉《うれ》しかったよ、私《あたし》。貧乏のどん底だよ、お前さん。お酒ばっかり飲んで、商《あきな》い行かなくてどうする。聞くわけにもいかない。でもしょうがないから、言った。それでお前さん、行った。そこまでは別に……、時刻《とき》を間違えたりしたけど、それはまァこっちへ置いといて。……拾ってきた。〝お前さん、どうする？〟つったら、〝海からのもんは魚屋のもんだ〟って。私もそう思ったよ。そのとおりだと思った、ネ」

「うん」

「それでさァ、それで嬉しくなったのかねェ。まだ明けてないところ、明けかかってきたところ、外《おもて》をふら〳〵歩いてたの。そしたら家主《おおや》さんにばったり会っちゃった。〝何だい、今頃〟って言うから、〝いえ、別に〟って言ったら、〝顔色がおかしい〟って言うんだよね、家主さんがさァ。〝いや、別に何でもないよ〟〝風邪《かぜ》かい？〟って言うから、〝風邪じゃないよ〟つった。〝ちょっと来い〟〝え？〟〝いい、ちょっと来い。いいからちょっと来い〟って。家主《おおや》さんが、〝何かあるな〟って言うの。〝いえ〟〝いえ、じゃない、ある。馬鹿《ばか》にするな、人を。伊達《だて》に歳《とし》を食ってんじゃないぞ、お飾りの下を余計に潜《くぐ》ってんじゃないぞ。何かあったな。大変なことがあったんだな〟……。

私《あたし》ゃさァ、〝ない、ない、何もない〟って言ったんだけど、あの家主さんに睨《にら》まれて……。あんな怖い人と思わなかった。〝こう〳〵こういう訳だから〟って、当たり前だと思うから、私、喋《しゃべ》っちゃった。海から持ってきたのは魚屋の物《もん》だもの。そしたらねェ、怒られたなんてもんじゃないよ、お前さん。〝バカヤロウ！　目を覚ませ〟って、そこにあった物干《ものほ》し竿《ざお》でもってピシーッて、私の横《よこ》っ面《つら》引《ひ》っ叩《ぱた》かれた。

それで目が覚めたのかねェ。〝そんなもん、一文《いちもん》だって使ってみろ。身体《からだ》はただじゃすまないよ。殺されるんだよ、えェ？　死罪だよ。いいのか〞って。〝それは勘弁しておくれよ。嫌《や》だよ、嫌だよ、私ゃ。ど、ど、どうすりゃいいんだ〞……。

〝勝公《かつこう》、何やってんだ〞って言うから、〝長屋《うち》へ帰ってきて寝ちゃった〞〝寝ちゃったらちょうどいいやな。起きたとこで夢にしちまえば、それでお終《しま》いだ〞って言うのよ。〝そんなことができるかね〞〝ほかに何ができんだ、お前に。やれよ〞っつんだよ。〝亭主を助けようと思ったら、殺されるところから助ける。やらなかったら殺されるんだぞ。死罪だぞ。そう思えや、やれるよ〞って言うの。

やったよ。お前さん、すっかり騙《だま》されちゃった。酒断《や》めて働きに行くようンなってね、嬉《うれ》しいんだか何だか、私、判んなくなってきた。〝いいのかな〞と思ってね。しょうがないからさァー、うーん。

お前、優しすぎるよォ。出かけるたんびに、雪の日なんぞ、〝炬燵《こたつ》へ入ってろォ、風邪《かぜ》引くんじゃねえぞ、おっ嬶《か》ァ〞。それも長年連れ添う女房に、お前、騙されて、騙した奴に頭ァ下げて、〝風邪引くな。おっ嬶ァ、ありがとう、ありがとう〞って言われて、あァ、私は……。

この金はもっと前に出たんだよ。お下げ渡しにね。落とし主が判らない。あれは魚屋のもんだったんだ、うん。だけど、なんか、お前さんがその気になってんのに、見せて、〝また〞っていうのも……と思ったし。けど、出して……。飲もうが飲むまいが、もう私、嫌だ。

私、自分が嫌ァ。お前さん騙してて、嫌だ。

だから、これ、お前さんのもんだから、残らず使っちゃったって、海ン中へ放り返したって構わねえし。……いま、ふっと思って言って、これでもう、私は胸がすっきりした。私はすっきりしたけど、悪かったねェ、お前。長年連れ添う女房に騙されて、朝夕頭ァ下げて、〝おっ嬶ァありがとう、おっ嬶ァありがとう〟って。クスッ。私はこれだけだァ。一つ頼みがあんだけどなァ。捨てないでよ、別れないで、ネ。お前さん、好きなんだよ。お前さん、大好きなんだ。別れないでおくれー」

「ちょっと待て、おっ嬶《か》ァ。あァ、お終《しま》いまで聞いた。おっ嬶ァ、ありがとう。あァー、怖《こえ》えなァ。あんときは舞い上がって、銭《ぜに》がある。商《あきな》いに行こうなんて了見《りょうけん》なんぞ、あるもんか。家主《おおや》ァ偉《えれ》え。偉えなァ。変な野郎だと思ってたけど、違うんだ。偉え家主なんだ。よォ、明日（元日）朝一番で家主ンとこへ行く」

「私も連れてっておくれよ」

「当《あ》ったり前《め》えよォ。一緒に行くんだ。アッホホーーーー、ウーーー、ウワーーーー。ウワーーーー。ワーーイ」

「お前さん、お酒飲もう」

「えっ？」

「お酒飲もう。私、飲みたいし、お前さん、飲もう。飲んで……」

「何だい」

「何も言わないで飲んで、私と一緒に、ネ」

「いいけどよォー、俺は酒断《や》めて……」

「何か言わないで、飲んで。ネ」

「お前の頼みならなァ。うーん、そうか？」

「飲まないと私、怖い。私と一緒に飲んでおくれ。私、怖いもん。お願いッ」

「〝怖いからお願い〟って言われりゃァ、判った。あるのか？」

「ある」

「ああ。うん、うん、うん、うん、そうか。あ、お、これ？　えっ？　そお？　ん、ん、んん、ん、俺が、えっ、注《つ》ぐ？　うーん。おォー。

（酒に向かって）しばらく。お変わりもなく何よりで……。

いま、〝断《や》めろ〟ったって、俺、断められれんだ。お前が苦しいとか何とかって言うから飲むけど、久しぶりに飲むと、俺、ベロ〳〵に酔っちゃ〳〵ンなるよォ」

「なっちゃえよォ。なろう。ベロ〳〵に酔っちゃえ」

「ありがとう。ありがとう、おっ嬶《か》ァ。

……止《よ》そう」

「どうしたの？」

「また夢ンなるといけねえ」

また違った『芝浜』が演《や》れました。よかったと思います。一期一会《いちごいちえ》ですね。けど、アドリブでこんなにできる芸人を、そう早く殺しちゃもったいないような気もする。

楽屋《がくや》へ入ってまた、反省というか、振り返りたいと思います。くどいようですが、一期一会、いい夜をありがとうございました。

（二〇〇七年十二月十八日、よみうりホール）

二人旅(ににんたび)

「早くやってこいよ、早(わ)く」

落語へ入ったってえの判(わか)るわね。

"早く"ったって、お前、なんにも食ってねえんだよ。談志がそう言ってたよ。

「あいつはどうでもいい」

「腹になんにもねえんだから、流れェ見りゃア、ガブ〳〵飲んでるけど、"茶腹(ちゃばら)も一刻(いっとき)"って言うけど、水はしょうがねえね。小便(しょんべん)になるだけ。腹に水が溜(た)まってやって、風がまともに当たるから、ガボ〳〵ン、ガボ〳〵ン。腹ン中ァ波立ってる、つまり時化(しけ)てるよ」

「腹の時化があるかァ、まったく。しっかりしろォ」

「うっかりしてるよ」

「気を紛らわそう」

「どういうふうに」

「だから、謎掛(なぞか)けなんてどうだい」

「謎掛けって何だい。蕎麦《そば》のかけみてえなもんか？」

「そうじゃねえよ。〝何々と掛けて何と解く〟って、よく売れねえ芸人が日曜日ンなると、五、六人集まってやってんだろ？　あの馬鹿《ばか》と同《お》んなじ。あんなのなら、お前だって出来っだろ？」

「あァー、はあ〳〵。例えば？」

「例えば、〝お前《め》えの着物〟と掛けて何と解く」

「判んね」

「〝判んない〟っていうときに、これは決めで、〝あげましょう〟つうんだよ。お前に任せるっていう意味で」

「あ、そう。あげましょう。着物はやらない」

「やらなくていい。〝お前えの着物〟と掛けて何と解く」

「あげましょう」

「そう〳〵。〝東海道〟と解く」

「うん」

「〝その心は？〟って言うんだよ」

「ああ」

「どういう訳かって、意味を聞くの」

「そう。その心は？」

「五十三次《ごじゆうさんつぎ》（継ぎ）」

「畜生《ちきしよう》めェ。〝お前えの着物〟と掛けて何と解く」

「判ってきたな。あげましょう」

「〝正宗《まさむね》の名刀〟と解く」

「うーん。何だい。心は？」

「〝触《さわ》っただけでも切れそうだ〟っていうのはどうだ」

「〝お主《ぬし》の恋〟と掛けて何と解く」

「あげましょう」

「それを貰《もら》うとな、〝火事場の纏《まとい》〟と解く」

「心は？」

「燃えるほど、振られる」

「巧《うま》いな。じゃ、〝お前《め》えの色事《いろごと》〟」

「あげましょう」

「貰うと〝梅雨時《つゆどき》〟」

「心は？」

「降（振）られっぱなし〟」

「畜生。じゃあ……」

「くたびれちゃった。止《よ》そうよ、もう。腹が減ってんだよ。朝からなんにも食《く》ってねえんだ。

談志《あのやろう》は〝サンドイッチいくらか食った〟って。俺《おれ》はサンドイッチも食ってねえんだもん」

「我慢しろよ」

「我慢たって、限りがあるよォ」

「じゃ、歌でも唄《うた》いながら」

「うん、ぅん」

「ここ、道らしきもんがあんだろ？　轍《わだち》の跡があるんだから、行きゃァ、どっかぶつかるよ。ぶつかりゃ、飲むとも食うとも何とかなるよ。だから歌でも……」

「歌ァ、唄うの面倒《めんど》臭《くせ》え」

「文句だけでもいいよ」

「文句はあるよ。大体お前がよくないよ」

「そういう〝文句〟じゃないよ。歌の文句」

「何？」

「都々《どど》逸《いつ》がいいよなァー。

〝たま〳〵逢《お》うのに東が白《しら》む
　日の出に日延べはないかしら〟

なんて、色っぽいじゃねえか。別れんのが嫌《いや》だってンだ」

「はァーあ」

「〝上を向いては限りがないと

下を見て咲く百合《ゆり》の花〟」

「何だ、そりゃ」

「〝花に戯《たわむ》れくる蝶々《ちょうちょう》も
風が邪魔《じゃま》する世の慣《なら》い〟」

「あーあ」

「〝浮き草は乱れ乱れて咲いてはいるが
底につながる根は一つ〟」

「あーあ。何だよォ。面白くねえよ。何だか判《わか》んない」

「じゃあ、お前もやれよ」

「〝沖の暗いのに親父《おやじ》の小言《こごと》
胡座《あぐら》かき〳〵時鳥《ほととぎす》〟」

「何だよ。何だか判んない」

「何でもいいからやれっつうから、やっただけ」

「〝何でもいいから〟って、意味ンなってなきゃ駄目だよ、お前、えェ？　例えば、

〝横に這《は》ってるあの蟹《かに》でさえ
葦《よし》（良）と芦《あし》（悪）とは分けて出る〟

なんてね」

「あーあ、ああ」

「何、考えてんの？」
「考えてんじゃねえんだ。忘れちゃったんだ。
〃兎《うさぎ》のお目めは何故《なぜ》々々赤い
　あれは寝不足逢《あ》い不足〃」
「そう〳〵、そういうふうにやればいい」
「ああそうか。うーん」
「巧いのあるねェ。
〃よろしくと伝えて欲しいわあの方一人
　皆々様とは世間体《せけんてい》〃
なんてねェ」
「あーあ」
「〃羽織《はおり》着せ掛け行く先尋《たず》ね
　すねて簞笥《たんす》を背《せな》で閉め〃
なんてね」
「あーあァ」
「〃夏痩《なつや》せと人に答えてホロリと涙
　捨てられましたと言えもせず〃
なんて、女心だ」

「じゃ、俺も男心やる」

「それが都々逸だ。こっちが女心をやり、そっちが男心で返ってくるの。どんなの」

「〝夏痩せと人に答えてホロリと涙〟」

「同《お》んなじじゃない。〝捨てられました〟っていうんじゃねえだろ?」

「違うよォ。うつ〳〵、〝感染《うつ》されましたと言えもせず〟つうのはどう?」

「面白いけど、とちると笑いがなくなるっていうからな。〝なるほど、もっともだ〟っていう。

〝目から火の出る世帯《しよたい》は張れど
　　火事さえ出さなきゃ水入《みずい》らず〟

みたいなのがあったなァ」

「客の前で、舞台で考えられちゃ堪《たま》んないねえ、こっちは」

「煩《うるせ》えな、この野郎。都々逸だって、馬鹿々々しいのもあるし、巧いのもあるよ。

〝外へ出りゃ惚《ほ》れられしゃんせ
　　そして惚れずに戻りゃんせ〟

なんてねェ。何かお前もやれよォ」

「〝世間《そと》へ出て道に迷って困ったときは〟ってえの知ってるか?」

「知らねえ」

「〝知らなきゃ誰《だれ》かに聞くがいい〟てえのはどうだ」

「くだらねえな」

「〝外へ出て道に迷って困ったときは〟」

「いま聞いたから知ってる」

「〝知ってりゃそのまま行くがいい〟」

「殴るぞ、終《しま》いに、くだらないこと言ってると。もっと、むしろ、馬鹿々々しいのやれ」

「〝馬鹿々々しい〟の？

〝実に器用ないざりのおなら
砂と砂利《じやり》とを吹き分ける〟

とか、そういうの？」

「いいよ。もういいや」


「オーイ、何処《どこ》見てやんだ、おい。こっち見ろ、こっち。こゝォ、こっち〳〵、こっち。何処ォ見てんだよォ。こっちを見ろ、こっちを」

「指？」

「指じゃない。指の先を見ろってンだ」

「爪《つめ》が生《は》えてる」

「爪の先を見ろ」

「垢《あか》が溜《た》まってる」

「こん畜生《ちくしょう》。そこんところに平屋《ひらや》があんだろ？　暖簾《のれん》が下がってるじゃねえか。婆《ばば》ァが、おお、炊《た》き付けてんじゃねえか。あれ、ひょっとして、〝こんなこと〟もできるような茶屋じゃねえのか？　おい。……おっ、駆け出しやがった。ああ、現金なもんだねェ、おい。……どうだーい。駄目？　駄目かい？」

「駄目」

「何て書いてあんの」

「〝ひとつ、せんめし、ありや、なきや〟って書いてある」

「あ、そう。〝ひとつ、せんめし、ありや、なきや〟」

「ああ」

「〝いちぜんめし、あり、やなぎや〟……。どう読んでんの、お前。〝ひとつ、せんめし〟ってえのは〝一膳飯《いちぜんめし》、有り、やなぎや〟ってンだよ。〝やなぎや〟って店だい」

「ああ」

「何が〝ああ〟だ、バカヤロウ。婆《ばあ》さんが炊き付けてっじゃないか。……あ、駆け出しやがった。現金な野郎だねェ」

「おい、婆さん、婆さん。婆さん、久しぶりに出番だぞォ」

「アー、アー」

「ちょいと一服《いっぷく》さしてもらうよ」

「あー、一服でも切腹でも何でもしろ」

「休めましてもらうよ」

「休め、気をつけェ、回れ右ィ」

「何言ってんだ、この野郎。

……俺たちは旅の者《もん》だよ」

「おら、ここの者《もん》だよ」

「何も要《い》らないよ。こっちは、喉《のど》が渇いてんだ。酒、酒、うん、酒」

「ハァー、お酒かねェ」

「酒ェ」

「ああ、飲む？」

「当たり前だよ、ほんとに。匂《にお》いだけ嗅《か》いで喜んでる奴《やつ》はいねえよ」

「いいことを聞いてくれた」

「そうか」

「この村には造《つく》り酒屋《ざかや》があってな、ハァ越中《えっちゅう》の〝村雨《むらさめ》〟って、いい酒があんだ」

「越中の？　おお、銘《めい》まであるのはいいねェ。越中の村雨、いい酒か？」

「ポカ〳〵酔ってても、この村ァ出ると冷《さ》めるの」

「あ、それで〝村冷《むらさ》め〟（村雨）。あー、面白くねえなァ。他には？」

「他《ほか》には〝庭冷《にわさ》め〟」

「庭で冷めちゃうやつ？」

「そう〳〵。物判《ものわか》りがいいねェ」

「何言やがる、こん畜生。他には？」

「あとは、〝すぐ冷め〟〝直冷《じきさ》め〟〝冷め〴〵〟」

「要らないよォ、そんなもの。じゃ、〝村雨〟持ってこい。急いでんだから早くしろ、早く〳〵」

「あらまあ、忙《せわ》しのねえもんで、アー」

「大丈夫かい？」

「知らねえよ、そんなもの」

「お待《ま》ちどおさま」

「あ、持ってきやがった。〝おまちどおさま〟はいいけど、二人客が居るんだ。飲む物は二つ持ってこい、湯呑《ゆの》みでも何でも。何だい一つ持ってきやがって。……恐ろしく低い膳《ぜん》だね、こらァ。傷だらけじゃねえか、えェ？　おい」

「膳でねえんだ、それ。お前《め》えたちが急ぐから、俎《まないた》の上へ載《の》っけたよ」

「それで傷だらけか。はァーあ。茶渋《ちゃしぶ》がいっぱい付いてんじゃねえか。手前《てめ》えが飲む茶碗《ちゃわん》じゃねえのか？」

「おら飲む茶碗よ。当たりましたよ」

「この野郎、〝当たった〟って喜んでる。汚《きたね》えじゃないか」

「何《な》ァんの、汚えことあるもんかァ。お前《め》えたちが飲んだあと、おら、よォく濯《ゆす》いで飲むから」

「この野郎、どっちが汚えか判らねえじゃないか。

ちょっと先にやらしてもらうよ。変な色してやんなァ、おい、えェ？　赤《あけ》えような茶色いような。ふーん、妙な味だね、やってみるかい？」

「うん」

「他《ほか》になきゃ仕様《しよう》がねえやなァ。何か摘《つ》まもう。婆さん、何か摘むものはねえか？」

「鼻でも摘まむか？」

「殴るぞ、この野郎、ふざけたこと言やがって。ちょいとした〝こんなこと〟やんのねえか」

「ああ、畳《たたみ》の毛羽《けば》でも？」

「こん畜生、ふざけてんな。何かあんだろ」

「何が欲しい」

「〝何が欲しい〟ったって、あれが欲しいのこれが欲しいの言ったって仕様がねえ、こんな田舎《いなか》だもん。何か摘まみ」

「だから鼻でも摘まめって」

「鼻摘まんで酒が飲めるか。何かあんだろう、田舎だから、えェ？　何かそこにあるもの」

「ア、アアー、トンボが飛んでるが」

「トンボどうすんだ」

「焙《あぶ》って食えるかもしれねえ」

「何を畜生。他に」

「あとは、アブラムシに、池ン処《とこ》にミズスマシとゲンゴローがいるけど、あんなものでも……」

「あんなものが食えるかい」

「食ってみなきゃ判んねえよ」

「そりゃそうだろうけど」

「芋虫《いもむし》はどうだ。丸々で青々として、これをプスッと歯で噛《か》むと、汁《しる》が広がって美味《うま》いかもしれねえよ」

「そんなもの食えるか、この野郎」

「ビタミンCが」

「何がァ、こん畜生。駄目だよ。地卵《じたまご》なんてえのはどうだ……。卵、知ってるだろ？」

「卵、知ってますよ。で、何の卵？」

「〝何の卵〟って、天狗《てんぐ》の卵なぞねえだろ。鶏《とり》の卵」

「どうすんの」

「呑《の》むんだよォ」

「呑む？　卵を呑むけえ。あーりゃ恐ろしげェ」

「丸ごと呑もうってンじゃねんだ、蛇じゃァねえよ、こっちは。割って、醤油《したじ》かなんか落として、中身を呑むんだ」

「あー、そうけ。じゃ、孫呼んで、梯子《はしご》掛けて取らすべ」

「高《たけ》えとこにあんのか？」

「裏の榎《えのき》に木菟《みみずく》が巣ゥ掛けた。巣立ちしねえから、まだ卵ォあるよ。孫に取らせるよ。孫ォ……」

「要《い》らねえよ、そんなもの。木菟の卵なんか誰が呑むか。なるほど、青大将《あおだいしょう》と間違《まちげ》えんのは無理はねえやな。何かねえか、おい、えェ？　泥鰌《どじょう》なんぞは？」

「泥鰌《どじょう》は、裏の池に行くと沢山《たくさん》いますよ。抜き手切って泳いでるよ」

「嘘《うそ》ォつけェ、この野郎。抜き手切るかい。上下《うえした》に行ってんだい」

「知ってるけど、冗談を言って笑わせようと思ったの」

「面白くも何ともねえじゃねえか。泥鰌汁《どじょうじる》とか何とかにして、泥鰌ォ〝こんなこと〟やって何とか」

「やれば食えますよ」

「やれよ。いるんだろ？」

「沢山《たくさん》ウジャ〳〵いますね。おらが出て行くてえと、〝コンニチハ〟って言いますよ」

「〝泥鰌が出てきてコンニチハ〟か」

「それですよォ。よく知ってますね」

「当たり前えだ、バカヤロウ。捕《と》ってこい」

「おら、眼《め》が悪いんでなァ、捕《つか》まえようとすっと、泥鰌動くのよ」

「動くよ、泥鰌だって捕まえられちゃ嫌《いや》だから。どのくらい捕《と》れる？」

「一日かかると三匹ぐらい」

「あ、駄目々々。今日中に間に合わねえな。何かねえのかよ、おい、えェ？　畑ン中へ青いのがあるけど、あれは……」

「おらと孫と丹精《たんせい》かけて作りました」

「あれがいい。あれェ持ってこい」

「あれは食べられません」

「そんなこと言うなよ、お前。食うよ。金払うんだから心配《しんぺえ》ねえよ。大丈夫。持ってこいッ」

「金ですむもんでねんだよォ。食えねえの」

「〝食えねえの〟って」

「どうやって食うの、あれを」

「茹《う》でて、塩でも醤油《したじ》でも掛けるなり、載っけるなりして食うよ」

「あァー、江戸の方はあれ、茹でて食うの？」

「食うから持ってこいッ」

「煙草《たばこ》の葉だよ」

「煙草かァ。そら駄目だァ。本物見たことねえからなァ、〝こういうの〟しか知らねえから」

「あれェ、食うか?」

「食えないよッ」

「茹でるか」

「茹でたって仕様《しよう》がねえ」

「茹でれば食えんだよ」

「茹でると食えんのか?」

「茹で煙草ンなんだよ」

「畜生、くだらねえこと言ってやんの」

「なんにもなくて悪かったなァ。歌でも唄《うた》って慰《なぐさ》めるか」

「何《な》ァにを言やがる」

「唄ってくれんの? 頼むよ」

「あ、そうけ。じゃ、一緒に手拍子《てびょうし》取ってくれ」

「ああ、〝こんなこと〟すんのか。ま、いいや。どんなの?」

「〽お馬《んま》はヒン〳〵、牛モオ〳〵……ちゅうの。〽子山羊《こやぎ》がメエ〳〵、小鳥がチュン、朝から鶏《にわとり》コケコッコー、夜明けにゃフクロウがポッ〳〵ポォー」

「殴るぞ、この婆《ばば》ァ。ふざけた歌唄《うた》いやがって、こん畜生。そこンとこにある豆、豆っ粒みたいな、〝こんなん〟なってんの、あれは干《ほ》し納豆《なっとう》か？」

「干し納豆じゃありません。あれは兎《うさぎ》の糞《くそ》です」

「そんなもの置いてあんの？　そこにある瓦煎餅《かわらせんべ》みたいな……」

「あれは牛の糞《ふん》の乾いたやつ」

「そこの籠《かご》へ入ってんのは？」

「おらの糞《くそ》です」

「そこの皿の上ン載って丸いの、あれは？」

「あれは、あのォ……」

「何だ」

「あれは焼き豆腐《どうふ》です」

「焼き豆腐ってえのは四角いんだよ。あれ、丸いじゃねえか」

「最初《はな》ァ四角かったけれどね、売れねえからまた引っ込めて、また煮るべ？　で、出すと売れねえから、また引っ込めて、煮て出してみたり。煮たり出したりしてるうちに角《かど》が取れて、丸《ま》ァるくなりました」

「人間みてえなこと言ってやりゃァ。〝角が取れて丸ァるくなった〟って喜んでやる。……はァーあ。古いな」

「古いといえば古いかな」

「何時頃《いつごろ》のだ」

「豊年祭りに作ったお煮〆《にしめ》の残りよ」

「ははァー、去年だな」

「一昨年《おととし》ですよ」

「クアーッ。ほんとにふざけた婆《ばば》ァだ。こん畜生、何にもねえのか」

「何にもねえよ」

「何にもないの？」

「何にもねえの」

「手前《てめ》えンとこは一膳飯屋だろ？」

「おー？　一膳飯屋じゃないよ」

「あれ？　暖簾《のれん》に書いてあんじゃねえ？　〝一膳飯、有り、やなぎや〟って」

「そう読んでは駄目なの。あれは〝ひとつ、せんめし、ありや、なきや〟と読むの」


（二〇〇九年四月十八日、よみうりホール）

小《こ》さん師匠は『煮売屋《にうりや》』と称《い》って演《や》ってたけど、ま、『二人旅』でいいでしょう。内容は家元流に見事に出来て、だんくと、いろんなギャグを入れてった。受けたねえ……。

これから『万金丹《まんきんたん》』に入る、と聞く。私も演ったことがあるけど『二人旅』ほど面白くない。直しができるけどね。ま、この辺でオソマツ、いや、結構なもんです。

落語《らくご》チャンチャカチャン

じゃあ最後に、落語チャンチャカチャンをお土産《みやげ》にしてお別れいたします。いや、手を叩《たた》くほどのもんじゃないいんだけどね……。

「呼びにやったらすぐ来い、こっちへ。……えェ？　涎垂《よだれた》らしてやんな、何言ってやんだ。……はァ……口開《あ》けてやんな」

「口を結ぶと息ができなくなっちゃうからね」

「鼻で吸え、鼻で」

「できるかな？」

「できるよ」

「うゥ……できるな」

「何言ってやん……えェ？　何歳《いくつ》になったんだ」

「二十歳《はたち》」

「二十歳になって遊んでいるようじゃしょうがねえ。何か仕事しろってンだな。今、叔父《おじ》さん、市《いち》ィ行って太鼓《たいこ》買ってきたから、この太鼓持って売ってこい。まず、家主《やぬし》ンとこ行っとけ」

「あァ……」

「きれいに掃除しろ」

「あら、この太鼓か。うーん……ドーンドン、ドドーン」

「お前のおもちゃに買ってきたんじゃないよ、ほんとに。これ担《かつ》いで行ってきな」

「こりゃ汚え太鼓《きたね》だな、こりゃ驚いたな。道具屋になるとは思わなかったね、こりゃ……。

こんちは、家主《おおや》さーん」

「何だ、与太郎《よたろう》か。一両二分《いちりょうにぶ》と八百持ってきたのか」

「そうじゃねえんだ。あの……太鼓を買ってもらいてえと思ってね……」

「そんなところの騒ぎじゃねえんだ、俺ンところは。今、らくだが死んだって大騒ぎになってンだ。ま、めでてえから花見しようってンだ。みんな集まるところだから、お前も来い」

「おはようございます」

「おはようございます……」

「おはようございます……」

「さァさ集まってくれ。じゃあ出かけるよ。そこに毛氈《もうせん》があるだろ?」

「筵《むしろ》ですがな」

「毛氈と言ったら毛氈と言いな」

「もうせんかな」

「余計なことを言うんじゃない。さァ行くぞ、ほら手を〆《しめ》て、ヨオーッと、花見だ、花見だ」

「夜逃げだ、夜逃げだ」

「余計なことを言うんじゃない」

ワァ〳〵ワァ〳〵言いながら下谷《したや》の山崎町《やまざきちょう》を出ましてな、あれから上野《うえの》の山下《やました》へかかって参りまして三枚橋《さんまいばし》から上野《うえの》の広小路《ひろこうじ》、新黒門町《しんくろもんちょう》を真《ま》っ直《つ》ぐに御成街道《おなりかいどう》、左に切れりゃ両国橋《りょうごくばし》だ。橋の上ェ花火見ようってンで山のような人がいる、向こう両国から乱暴にも馬に乗った侍《さむらい》が入ってきたから、

「どけエー、どけエー」

「危ねえぞォー、その馬、びっこ馬だぞォー」

「どうも様子がおかしいと思ったよ、おい、この馬。おい、馬子《まご》さん、びっこ馬だって……」

「びっこ馬でねえわ、〝長《なげ》え短《みじけ》え〟ちゅうんだ」

「同じようなこった。おい、おーい、駄目だヨー、馬ァ勘弁《かんべん》してくれー、船にしてくれよー」

「悲鳴上げやがった。船にするのはいいけど、おい、船頭《せんどう》どうしたんだい。……出てきやが

った。どうしたい」

「ちょいと今髭剃《ひげあ》たっておりまして……」

「色っぽいね、コノヤロウ、客待たして髭なんぞ剃《あ》たってくる奴《やつ》があるかい、頼むよ」

「へい、かしこまりました」

〝ンじゃ、お内儀《かみ》さん、いってまいります〟と船頭が蓑笠《みのがさ》に支度《したく》をして、舳《とも》にグイッと一《いっ》本竿《ぽんざお》を張るときに、宿屋のお内儀が〝いってらっしゃい〟と船の小縁《こべり》に手を掛けて、グイと押してくれるのは何の多足《たし》にもならないが、愛嬌《あいきょう》のあるもんで……。船は山谷堀《さんやぼり》から大川《おおかわ》へ出る。真っ暗な空から数千万の虫が舞うように纏《まと》わりついてくるような雪の、寒いの寒くないの……。

「おォ寒くなってきやがった。〝山から小僧が泣いてくる〟ってやんな。船頭が泣いて来やがるな。え、どうですお客さん、どうですか、船の塩梅《あんばい》は」

「船もいいが一日乗ってると、退屈でく……。あァ……こんなときに碁《ご》でも打ってりゃ極楽なんだけどなァ……。あ……笠《かさ》がないという……お、山笠《やまがさ》があった。これがありゃ何とかならァ、これさえありゃ大願成就《たいがんじようじゆ》、ちえっ、かたじけねえ……」

と、戴《いただ》いたから、そのまま極楽行っちゃったりなんかしてね……。

「何をぐずぐず言ってんのよ」

「煩《うるせ》えな、えェ？　……今一回り廻《まわ》って来たんだよ、小言《こごと》が言い切れねえな……」

「ピラめんねえ、ピラめんねえ……ピラめんねえ……」

元に戻っちゃったようで……。

まだ〳〵続けることはできるし、それが入っている音も出してあるはず……。
これは私の発想《アイデア》で他に類がない。
どうでえ〳〵、と威張《いば》ってお終《しま》い……。

（二〇〇四年五月十日、横浜にぎわい座）

あとがき

現在《いま》、入院中の病室にいる。退屈である。

で、ジョークなんぞをふと思い浮かべたりしている。常連の客たちは、何度も高座で聴いているお馴染《なじ》みのジョークである。

売春婦の家へ行ったら、大学の卒業証書が何枚も壁に貼《は》ってあった。ハーバード大学、コロンビア大学等々、いくつもの大学やら、大学院やらを修了している。

「これだけのキャリアを持っているのに、あなたはなぜ売春婦をしてるんですか?」

「運がよかったのね」

最高のジョークである。P.ハーランに聞かせたら、〝私も同じ〟と言やがった。凄《すご》いネ、パトリックは。

うがいしながら、落語のネタを数えたりもしている。

『粗忽長屋《そこつながや》』『三方一両損《さんぽういちりょうぞん》』『らくだ』『黄金餅《こがねもち》』『浮世床《うきよどこ》』……。

それにも飽きて、しまいにゃ、登場人物を数えたりもする。八《はっ》つぁん、熊《くま》さん、与太郎《よたろう》、宗助《そうすけ》さん、権助《ごんすけ》、権兵衛《ごんべえ》、一八《いっぱち》、横丁《よこちょう》のご隠居《いんきょ》さん、『寝床《ねどこ》』の旦那《だんな》、家主《おおや》さん……とネ。

あっという間に百人出てきた。自分でも、びっくりである。

落語の落《さ》げを言ってみたりもする。「さっきの雁首《がんくび》を拾いに来たんだ」「名前が長いんで瘤《こぶ》が引っ込んじゃった」「先妻の間違いだ」「どうりであたいを〝玄翁《げんのう》で殴る〟と言った」……。

昨夜《ゆんべ》なんぞ、寝ながら、ふと『夜店風景《よみせふうけい》』が浮かんできて、次々と考えたネ。

「一月《ひとつき》十円で食える法」

「ジェット機に乗れ」

「なんだい」

「酒なくして酔う法」

「地下鉄に乗れ」

「なんだい」

そういや、今回の入院では、ふだんは口にしないような飴《あめ》の類《たぐい》をずいぶんと食べた。飴を噛《か》み砕《くだ》かずに最後まで舐《な》め切ったのは、初めての経験である。ほおォ、俺には、最後までなめ切れるだけの〝実力〟があったんだなァ、なんぞと妙に感動したりしてネ。ついでに、森永のキャラメル、昔懐かしいこのキャラメルが、〝こんなに美味《うま》いものだったのか〟という発見もあった。

というわけで、食欲はある。快食快便とでもいうのか。俗にいう、健康的とでもいうのか。

で、心身が非常に〝安定〟している。その〝安定〟した自分にイラついて〝安定剤〟をもらって飲んでいる。

立川談志にとって「健康」とは、落語を演《や》るための〝手段〟である。それが現在《いま》じゃ、〝目的〟になっちまっている。じっに腹立たしく、〝安定剤〟を欲する。

で、この「仏の談志」をネタにしている奴《やつ》がいて、受けていると聞く。入院早々に輸血をしたから、それで人が変わっちゃって、日蓮上人《にちれんしようにん》の血が入ったか、義経《よしつね》の血が入ったか知らないけれども、「〝仏の談志〟になっちゃった」とサ。

それにしても、それほど、俺は悪かったのかね。カ〜ッ！

残る問題は、声である。枯れている。医者は、〝いずれ出るようになる〟と言う。

待てよ。このままの声だとしても、〝囁《ささや》き落語〟という演り方があるかもしれない。

えー、囁きトリオの一人でございましてな。囁くんでございます。囁くのは国の恥と申しましてな。

何？ 〝病気の話を聞きたい〟って？ それはおい〳〵ゆっくりと。

せっかく来てくれたんだから、ジョークでも聞くかい？

「先生、私は近頃《ちかごろ》物忘れが激しくて困ってるんですけどね」

「いつ頃からですか？」

「何の話ですか？」

拍手をしてるねえ、おい。

〝治ってよかった〟っていう意味かい？

あぁ、なるほど。子供が転んで引っくり返っちまって、で、立ちあがったという、

そんなところかい？

こりゃ、どうも、演りにくくなってきやがったなァ。

じゃ、ふだん演らないネタを演るからな。

「囲《かこ》いができたね」

「へえ」

どう？ 珍しいでしょ？ これは俺しか演らないネタですよ。上手《うま》いこと言うでしょ？ 〝囲い〟だから〝塀〟ってンですけどね。


なんというふうに、ベッドの上で遊んでいる日々である。

ここへ入院したときには、トイレに行くにも難儀をしていた。けど、現在《いま》は、一人で外を歩き回れるまでに回復している。我ながら、凄《すご》い回復力である。

落語を演れるかもしれない……と思うようになってきた途端《とたん》、〝あの落語を作り替えたい〟〝この落げも替えたい〟となってきた。これを「立川談志の業《ごう》」という。

そのうちに狂ってくる。いや、もう狂ってる。この喋《しゃべ》りも、もう気に入らない……。

二〇一〇年二月

立川談志

付録　談志の根多《ねた》帳

談志の落語が読める本、聴けるCD、観られるDVD・BDリスト付き

1　二〇一〇年当時、ほとんど演じることのなかった演目であっても、CDやDVDで発売されているものについては例外として挙げた

2　A＝多少の直しはあってもほとんど元のままで演じていた落語、B＝落げを直した落語、内容やテーマを直した落語、C＝講談や小説等から作った落語、複数の落語を合体させて作った落語

3　丸数字は巻数を示す。出版社は、『立川談志遺言大全集』（講談社）、『立川談志独り会』（三一書房）、『談志　最後の根多帳』（梧桐書院）、『談志の落語』（静山社文庫）

4　発売元は、『DVD寄席　談志独り占め』（講談社）、『笑う超人　立川談志×太田光』（ビクターエンタテインメント）、追加リスト以外はすべて、竹書房。ただし、竹書房発売と同内容のCDがコロムビアミュージックエンタテインメントから、同内容のDVDがポニーキャニオンから発売されているタイトルもあるが、それらは省いた

5　文庫化にあたり、二〇一一年以降発売の以下のCD・DVD・BDをリストに追加した

『家元自薦ベスト　立川談志公式追悼盤』（CD　談志役場／キントトレコード）2011年、『落語決定盤　立川談志　ベストCD』（日本コロムビア）2011年、『談志CD大全　21世紀BOX』（日本コロムビア）2013年、『家元の軌跡　談志30歳』2014年、『家元の軌跡　続・談志30歳』2016年、『家元の軌跡　談志32歳』2017年（以上、CD　キントトレコード）、『花王名人劇場　立川談志』2015年、『花王名人劇場　立川談志×桂枝雀』2015年、『花王名人劇場　党首圓楽×家元談志』2015年（以上、DVD　ポニーキャニオン）、『落語昭和の名人　大トリ　立川談志』（CD付きマガジン）2013年、『東横落語会　立川談志』（CDブック）2015年（以上、小学館）、『立川談志全集　よみがえる若き日の名人芸』（NHK出版　DVD＋BOOK）2015年、『ドキュメント　立川談志』（CD　ビクターエンタテインメント）2016年、『NHKCD「立川談志落語集成　1964―2004　第1―3集」』（NHKサービスセンター）2017―2018年、『遺芸　立川談志』（DVD）2015年、『談志独演会―一期一会―』（BD-BOX）（上）2018年（以上、竹書房）

二〇一八年十二月現在

	根多（五十音順）*1	改作度*2	書籍*3	CD／DVD／BD*4
1	青菜《あおな》	A		・立川談志・古典落語CD-BOX「談志百席」第五期
2	欠伸《あくび》指南《しなん》	A		・立川談志 落語CD全集 ひとり会 第2期
3	明烏《あけがらす》	A	・立川談志遺言大全集① ・立川談志独り会① ・談志の落語①	・立川談志 落語CD全集 ひとり会 第4期 ・DVD＋BOOK「立川談志全集 よみがえる若き日の名人芸」
4	あたま山《やま》	A		・立川談志・古典落語CD-BOX「談志百席」第五期
5	石返《いしがえ》し	A		・立川談志・古典落語CD-BOX「談志百席」第二期
6	意地《いじ》競《くら》べ	B		・立川談志・古典落語CD-BOX「談志百席」第二期
7	一分《いちぶ》茶番《ちゃばん》	A		・立川談志・古典落語CD-BOX「談志百席」第五期

	根多（五十音順）[*1]	改作度[*2]	書籍[*3]	CD／DVD／BD[*4]
8	居《い》残《のこ》り佐《さ》平次《へいじ》	B	・立川談志遺言大全集⑧ ・立川談志独り会① ・談志の落語⑧ ・談志 最後の根多帳	・立川談志 落語CD全集 ひとり会 第2期 ・DVD 立川談志「ひとり会」落語ライブ'92～'93 第五集 ・DVD 立川談志 古典落語特選 第一集 ・DVD寄席 談志独り占め ・談志大全（上）第九巻 ・談志CD大全 21世紀BOX 第11集 ・DVD＋BOOK「立川談志全集 よみがえる若き日の名人芸」 ・CD「ドキュメント 立川談志」 ・NHKCD「立川談志 落語集成 1964―2004 第2集」 ・談志独演会―一期一会― BD-BOX（上）
9	芋俵《いもだわら》	A		・立川談志・古典落語CD-BOX「談志百席」第四期

10	浮世床《うきよどこ》	B	・立川談志遺言大全集⑧ ・談志の落語⑧	・立川談志 プレミアム・ベスト落語CD-BOX 第九巻
11	浮世床《うきよどこ》〜女給《じょきゅう》の文《ふみ》	C		・談志大全（上）第七巻
12	浮世根問《うきよねどい》	A	・立川談志独り会④	・立川談志 落語CD全集 ひとり会 第5期
13	牛《うし》ほめ	A		・立川談志・古典落語CD-BOX「談志百席」第四期
14	鰻屋《うなぎや》	B		・立川談志・古典落語CD-BOX「談志百席」第二期
15	馬《うま》の田楽《でんがく》	A		・立川談志 落語CD全集 ひとり会 第3期
16	王子《おうじ》の狐《きつね》	A	・立川談志遺言大全集⑧ ・立川談志独り会④ ・談志の落語⑧	・立川談志・古典落語CD-BOX「談志百席」第一期
17	阿武松《おうのまつ》	B	・立川談志遺言大全集⑤ ・立川談志独り会② ・談志の落語⑤	・立川談志 落語CD全集 ひとり会 第4期 ・「東横落語会 立川談志」CDブック
18	近江八景《おうみはっけい》	A		・立川談志・古典落語CD-BOX「談志百席」第三期
19	大山詣《おおやままい》り	A		・立川談志 落語CD全集 ひとり会 第4期

	根多（五十音順）[*1]	改作度[*2]	書籍[*3]	CD／DVD／BD[*4]
20	お菊《きく》の皿《さら》	A		・立川談志 落語CD全集 ひとり会 第4期
21	置《お》き泥《どろ》	A		・立川談志・古典落語CD-BOX「談志百席」第三期
22	お血脈《けちみやく》	B	・立川談志遺言大全集③ ・談志の落語③	・立川談志・古典落語CD-BOX「談志百席」第一期 ・CD「家元の軌跡 続・談志30歳」
23	啞《おし》の釣《つ》り	A		・立川談志・古典落語CD-BOX「談志百席」第二期 ・DVD 立川談志ひとり会'92～'98初蔵出しプレミアム・ベスト 第二夜 ・談志大全（上）第六巻

24	お化《ば》け長屋《ながや》	B	・立川談志遺言大全集⑧ ・立川談志独り会② ・談志の落語⑧	・立川談志 落語CD全集 ひとり会 第3期 ・立川談志〜「落語のピン」セレクション〜DVD-BOX vol．壱 ・DVD 立川談志「ひとり会」落語ライブ'94〜'95 第十集 ・「東横落語会 立川談志」CDブック ・DVD＋BOOK「立川談志全集 よみがえる若き日の名人芸」 ・DVD「花王名人劇場 党首圓楽×家元談志」
25	お見立《みた》て	A		・立川談志・古典落語CD-BOX「談志百席」第三期
26	開帳《かいちょう》の雪隠《せっちん》	A		・立川談志・古典落語CD-BOX「談志百席」第五期
27	笠碁《かさご》	B		・立川談志 落語CD全集 ひとり会 第3期 ・DVD 立川談志「ひとり会」落語ライブ'94〜'95 第七集 ・CD「家元の軌跡 続・談志30歳」
28	鰍沢《かじかざわ》	A		・立川談志・古典落語CD-BOX「談志百席」第五期
29	火事息子《かじむすこ》	A		・立川談志 落語CD全集 ひとり会 第3期

	根多（五十音順）*1	改作度 *2	書籍 *3	CD／DVD／BD *4
30	かつぎ屋《や》	A		・立川談志・古典落語CD-BOX「談志百席」第三期
31	南瓜屋《かぼちゃや》	A		・談志大全（上）第八巻 ・「東横落語会 立川談志」CDブック ・DVD「遺芸 立川談志」
32	釜泥《かまどろ》	B	・立川談志遺言大全集③ ・談志の落語③	・立川談志・古典落語CD-BOX「談志百席」第一期
33	ガマの油《あぶら》	B	・立川談志遺言大全集① ・立川談志独り会⑤ ・談志の落語①	・立川談志 落語CD全集 ひとり会 第3期 ・立川談志・古典落語CD-BOX「談志百席」第三期 ・立川談志～「落語のピン」セレクション～DVD-BOX vol・弐
34	紙入《かみい》れ	B	・立川談志遺言大全集⑤ ・立川談志独り会③ ・談志の落語⑤	・立川談志～「落語のピン」セレクション～DVD-BOX vol・壱 ・NHKCD「立川談志 落語集成 1964―2004 第1集・第3集」
35	蛙茶番《かわずちゃばん》	A		・立川談志・古典落語CD-BOX「談志百席」第三期

36	代《か》わり目《め》	B	・立川談志遺言大全集⑤ ・立川談志独り会④ ・談志の落語⑤	・立川談志・古典落語CD-BOX「談志百席」第一期
37	寛永三馬術《かんえいさんばじゅつ》	A		・立川談志・古典落語CD-BOX「談志百席」第五期
38	勘定板《かんじょういた》	B	・立川談志遺言大全集② ・談志の落語②	・立川談志 プレミアム・ベスト落語CD-BOX第六巻 ・立川談志～「落語のピン」セレクション～DVD-BOX vol.参 ・落語昭和の名人「大トリ 立川談志」CDつきマガジン
39	堪忍袋《かんにんぶくろ》	B	・立川談志遺言大全集② ・立川談志独り会⑤ ・談志の落語②	・DVD 立川談志「ひとり会」落語ライブ'94～'95第十二集 ・CD「家元の軌跡 続・談志30歳」 ・NHKCD「立川談志 落語集成 1964―2004 第1集」
40	岸柳島《がんりゅうじま》	A	・立川談志遺言大全集④ ・立川談志独り会① ・談志の落語④	・立川談志 落語CD全集 ひとり会 第5期
41	紀《き》伊《の》国屋《くにや》文左衛《ぶんざえ》門《もん》・船出《ふなで》	A		・立川談志・古典落語CD-BOX「談志百席」第四期

	*1 根多（五十音順）	*2 改作度	*3 書籍	*4 CD／DVD／BD
42	九州吹き戻し《きゅうしゅうふきもど》	B	・立川談志遺言大全集③ ・立川談志独り会⑤ ・談志の落語③	・立川談志 プレミアム・ベスト落語CD-BOX 第十巻
43	金玉医者《きんたまいしゃ》	C	・立川談志遺言大全集③ ・立川談志独り会② ・談志の落語③	・立川談志 プレミアム・ベスト落語CD-BOX 第三巻 ・立川談志～「落語のピン」セレクション～DVD-BOX vol. 参
44	黄金《きん》の大黒《だいこく》	B	・立川談志遺言大全集⑦ ・立川談志独り会④ ・談志の落語⑦	・立川談志 落語CD全集 ひとり会 第1期
45	欣弥《きんや》め	A		・立川談志・古典落語CD-BOX「談志百席」第二期
46	首提灯《くびぢょうちん》	B	・立川談志遺言大全集④ ・立川談志独り会② ・談志の落語④	・立川談志 落語CD全集 ひとり会 第4期 ・談志大全（上）第四巻 ・DVD＋BOOK「立川談志全集 よみがえる若き日の名人芸」
47	蜘蛛駕籠《くもかご》	A		・立川談志 落語CD全集 ひとり会 第4期 ・NHKCD「立川談志 落語集成 1964―2004 第1集」

48	蔵前駕籠《くらまえかご》	B	・立川談志遺言大全集⑨ ・立川談志独り会② ・談志の落語⑨	・立川談志 落語CD全集 ひとり会 第1期 ・NHKCD「立川談志 落語集成 1964―2004 第2集」
49	俥屋《くるまや》 (反対車《はんたいぐるま》)	B	・立川談志遺言大全集② ・談志の落語②	・立川談志・古典落語CD-BOX「談志百席」第二期
50	慶安太平記《けいあんたいへいき》 (善達《ぜんたつ》の旅《たび》・吉田《よしだ》の焼《や》き打《う》ち・善達箱根山《はこねやま》・皿廻《さらまわ》し)	B	・立川談志遺言大全集④⑦⑨ ・立川談志独り会②③ ・談志の落語④⑦⑨	・立川談志 落語CD全集 ひとり会 第4期 ・立川談志・古典落語CD-BOX「談志百席」第一期 ・談志大全（上）第五巻 ・「東横落語会 立川談志」CDブック
51	源平盛衰記《げんぺいせいすいき》 (平家物語《へいけものがたり》)	C	・立川談志遺言大全集② ・立川談志独り会④ ・談志の落語②	・立川談志 落語CD全集 ひとり会 第1期・第5期 ・立川談志～「落語のピン」セレクション～DVD-BOX vol.参 ・CD「家元の軌跡 談志30歳」 ・CD「家元の軌跡 続・談志30歳」 ・NHKCD「立川談志 落語集成 1964―2004 第1集」 ・落語昭和の名人「大トリ 立川談志」CDつきマガジン

	根多（五十音順）*1	改作度*2	書籍*3	CD／DVD／BD*4
52	肥《こい》がめ	B		・立川談志・古典落語CD-BOX「談志百席」第四期
53	恋《こい》根《ね》問《どい》	B	・立川談志遺言大全集⑦ ・立川談志独り会③ ・談志の落語⑦	・立川談志 落語CD全集 ひとり会 第5期
54	孝行糖《こうこうとう》	B	・立川談志遺言大全集⑤ ・談志の落語⑤	・DVD「遺芸 立川談志」
55	黄《こ》金餅《がねもち》	B	・立川談志遺言大全集④ ・立川談志独り会③ ・談志の落語④	・立川談志 落語CD全集 ひとり会 第2期・第3期 ・立川談志～「落語のピン」セレクション～DVD-BOX vol．弐 ・DVD 立川談志「ひとり会」落語ライブ'94～'95 第十二集 ・笑う超人 立川談志×太田光 DVD ・談志大全（上）第七巻 ・談志CD大全 21世紀BOX 第9集 ・NHKCD「立川談志 落語集成 1964―2004 第1集・第3集」

56	小烏丸《こがらすまる》	A		・立川談志・古典落語CD-BOX「談志百席」第五期
57	五貫裁《ごかんさば》き（一文惜《いちもんお》しみ）	B	・立川談志遺言大全集⑧ ・立川談志独り会③ ・談志の落語⑧	・立川談志 落語CD全集 ひとり会 第5期 ・立川談志 プレミアム・ベスト落語CD-BOX 第六巻 ・談志大全（上）第四巻 ・落語決定盤「立川談志」ベストCD ・「東横落語会 立川談志」CDブック
58	小言幸兵衛《こごとこうべえ》	B	・立川談志遺言大全集⑤ ・立川談志独り会② ・談志の落語⑤	・立川談志 落語CD全集 ひとり会 第2期 ・談志大全（上）第三巻 ・「東横落語会 立川談志」CDブック
59	小言念仏《こごとねんぶつ》	B		・立川談志・古典落語CD-BOX「談志百席」第五期

	根多（五十音順）[*1]	改作度[*2]	書籍[*3]	CD／DVD／BD[*4]
60	小《こ》猿《ざる》七《しち》之《の》助《すけ》	C	・立川談志遺言大全集② ・立川談志独り会④ ・談志の落語②	・立川談志 落語CD全集 ひとり会 第2期 ・DVD 立川談志ひとり会'92〜'98初蔵出しプレミアム・ベスト 第四夜 ・CD「家元の軌跡 談志32歳」 ・NHKCD「立川談志 落語集成 1964―2004 第3集」 ・落語昭和の名人「大トリ 立川談志」CDつきマガジン
61	五《ご》人《にん》廻《まわ》し	B	・立川談志遺言大全集⑨ ・立川談志独り会④ ・談志の落語⑨	・立川談志 落語CD全集 ひとり会 第2期
62	子《こ》ほめ	B	・立川談志遺言大全集⑥ ・談志の落語⑥	・立川談志 落語CD全集 ひとり会 第2期 ・DVD 立川談志 古典落語特選 第五集
63	小《こ》町《まち》	B		
64	子《こ》別《わか》れ 上《じょう》・中《ちゅう》・下《げ》	B		・立川談志 落語CD全集 ひとり会 第3期 ・立川談志・古典落語CD-BOX「談志百席」第三期 ・談志大全（上）第三巻

65	赤飯《こわめし》の女郎買《じょうろか》い（子別れ 上）	B	・立川談志遺言大全集⑤ ・談志の落語⑤ ・立川談志 落語CD全集 ひとり会 第2期 ・立川談志～「落語のピン」セレクション～DVD-BOXvol．壱
66	権助提灯《ごんすけちょうちん》	B	・立川談志遺言大全集② ・立川談志独り会① ・談志の落語② ・談志大全（上）第九巻 ・DVD「花王名人劇場　立川談志」 ・「東横落語会　立川談志」CDブック ・NHKCD「立川談志 落語集成 1964―2004 第1集」 ・談志独演会―一期一会― BD-BOX（上）
67	蒟蒻問答《こんにゃくもんどう》	A	・立川談志・古典落語CD-BOX「談志百席」第二期 ・DVD 立川談志ひとり会'92～'98初蔵出しプレミアム・ベスト 第五夜 ・CD「家元の軌跡 談志30歳」

	根多（五十音順）*1	改作度 *2	書籍 *3	CD／DVD／BD *4
68	権兵《ごんべ》衛狸《えだぬき》	B	・立川談志遺言大全集⑥ ・立川談志独り会② ・談志の落語⑥	・立川談志 落語CD全集 ひとり会 第5期 ・立川談志～「落語のピン」セレクション～DVD-BOX vol．参 ・DVD 立川談志「ひとり会」落語ライブ'92～'93 第一集 ・落語決定盤「立川談志」ベストCD ・談志CD大全 21世紀BOX 第5集 ・DVD＋BOOK「立川談志全集 よみがえる若き日の名人芸」
69	紺屋《こんや》高尾《たかお》	B	・立川談志遺言大全集① ・立川談志独り会⑤ ・談志の落語①	・立川談志 落語CD全集 ひとり会 第4期 ・立川談志～「落語のピン」セレクション～DVD-BOX vol．参 ・談志大全（上）第五巻 ・「東横落語会 立川談志」CDブック ・談志CD大全 21世紀BOX 第4集
70	西鶴一代記《さいかくいちだいき》	C		・立川談志 落語CD全集 ひとり会 第1期
71	西行鼓ケ滝《さいぎょうつづみがたき》・阿《あ》漕ケ《こぎが》浦《うら》	A		・立川談志・古典落語CD-BOX「談志百席」第二期

72	雑俳《ざっぱい》	B		・立川談志 落語CD全集 ひとり会 第2期 ・DVD「花王名人劇場 立川談志」 ・「東横落語会 立川談志」CDブック
73	真田小僧《さなだこぞう》	A		・立川談志 落語CD全集 ひとり会 第3期
74	鮫講釈《さめごうしやく》（桑名舟《くわなぶね》）	B	・立川談志遺言大全集④ ・立川談志独り会③ ・談志の落語④	・立川談志～「落語のピン」セレクション～DVD-BOX vol．壱 ・DVD 立川談志ひとり会'92～'98初蔵出しプレミアム・ベスト 第三夜 ・「東横落語会 立川談志」CDブック ・DVD＋BOOK「立川談志全集 よみがえる若き日の名人芸」 ・NHKCD「立川談志 落語集成 1964―2004 第2集」
75	ざる屋《や》	A		・立川談志・古典落語CD-BOX「談志百席」第五期
76	三軒長屋《さんげんながや》	A	・立川談志遺言大全集④ ・立川談志独り会⑤ ・談志の落語④	・立川談志 落語CD全集 ひとり会 第3期 ・立川談志～「落語のピン」セレクション～DVD-BOX vol．弐 ・DVD 立川談志ひとり会'92～'98初蔵出しプレミアム・ベスト 第五夜

	根多（五十音順）[*1]	改作度[*2]	書籍[*3]	CD／DVD／BD[*4]
77	山号寺《さんごうじ》号《ごう》	B	・立川談志遺言大全集⑦ ・立川談志独り会① ・談志の落語⑦	・立川談志 落語CD全集 ひとり会 第1期 ・「東横落語会 立川談志」 CDブック
78	三国誌《さんごくし》	A		・立川談志・古典落語CD-BOX「談志百席」第四期
79	三人旅《さんにんたび》	A		・立川談志・古典落語CD-BOX「談志百席」第一期 ・立川談志～「落語のピン」セレクション～DVD-BOX vol・参 ・NHKCD「立川談志 落語集成 1964―2004 第2集」
80	三人息子《さんにんむすこ》	A		・立川談志・古典落語CD-BOX「談志百席」第四期
81	三人無《さんにんむ》筆《ひつ》	A		・立川談志・古典落語CD-BOX「談志百席」第四期

82	三方一両損《さんぼういちりょうぞん》	B	・立川談志遺言大全集⑨ ・立川談志独り会⑤ ・談志の落語⑨	・立川談志 落語CD全集 ひとり会 第4期 ・立川談志～「落語のピン」セレクション～DVD-BOXvol・弐 ・NHKCD「立川談志 落語集成 1964―2004 第2集・第3集」
83	シカゴギャング興亡史《こうぼうし》	C	・立川談志遺言大全集⑨ ・談志の落語⑨	
84	四季《しき》の小噺《こばなし》	C		・立川談志 落語CD全集 ひとり会 第2期 ・立川談志・古典落語CD-BOX「談志百席」第四期
85	持参金《じさんきん》	B		・立川談志・古典落語CD-BOX「談志百席」第二期 ・「東横落語会 立川談志」CDブック
86	猪買《ししか》い	B	・立川談志遺言大全集① ・談志の落語①	・立川談志 落語CD全集 ひとり会 第5期
87	四宿《ししゅく》の屁《へ》	B		・立川談志・古典落語CD-BOX「談志百席」第四期
88	紫《し》檀楼古木《たんろうふるき》	A		・立川談志・古典落語CD-BOX「談志百席」第五期

	根多（五十音順）*1	改作度 *2	書籍 *3	CD／DVD／BD *4
89	十徳《じっとく》	A		・立川談志 落語CD全集 ひとり会 第1期
90	品川心中《しながわしんじゅう》	B	・立川談志遺言大全集⑦ ・立川談志独り会⑤ ・談志の落語⑦	・立川談志 落語CD全集 ひとり会 第5期 ・DVD 立川談志「ひとり会」落語ライブ'94～'95 第十一集 ・「東横落語会 立川談志」CDブック
91	死神《しにがみ》	B	・立川談志遺言大全集④ ・談志の落語④	・立川談志・古典落語CD-BOX「談志百席」第二期 ・談志大全（上）第八巻
92	しの字嫌《じぎら》い	A		・立川談志・古典落語CD-BOX「談志百席」第三期
93	芝居《しばい》の喧嘩《けんか》	B	・立川談志遺言大全集⑦ ・立川談志独り会① ・談志の落語⑦	・立川談志 落語CD全集 ひとり会 第2期 ・「東横落語会 立川談志」CDブック

94	芝浜《しばはま》	B	・立川談志遺言大全集③ ・立川談志独り会③ ・談志の落語③ ・談志 最後の根多帳	・立川談志・古典落語CD-BOX「談志百席」第五期 ・立川談志 落語CD全集 ひとり会 第1期・第5期 ・立川談志 プレミアム・ベスト落語CD-BOX 第七巻 ・DVD 立川談志「ひとり会」落語ライブ'92～'93 第三集 ・DVD 立川談志 古典落語特選 第三集 ・談志大全（上）第十巻 ・CD「家元の軌跡 談志30歳」 ・談志CD大全 21世紀BOX 第1・12集 ・DVD＋BOOK「立川談志全集 よみがえる若き日の名人芸」 ・NHKCD「立川談志 落語集成 1964—2004 第1集・第3集」
95	洒落小町《しゃれこまち》	B	・立川談志遺言大全集② ・立川談志独り会① ・談志の落語②	・立川談志 落語CD全集 ひとり会 第4期 ・「東横落語会　立川談志」CDブック
96	寿限無《じゅげむ》	A		・立川談志 落語CD全集 ひとり会 第3期

	根多（五十音順）*1	改作度*2	書籍*3	CD／DVD／BD*4
97	女給《じょきゅう》の文《ふみ》	B	・立川談志遺言大全集⑨ ・談志の落語⑨	
98	蜀山人《しょくさんじん》	C	・立川談志遺言大全集⑦ ・立川談志独り会⑤ ・談志の落語⑦	・立川談志 落語CD全集 ひとり会 第3期 ・DVD＋BOOK「立川談志全集 よみがえる若き日の名人芸」 ・NHKCD「立川談志 落語集成 1964―2004 第3集」
99	白井《しらい》権八《ごんぱち》	C	・立川談志遺言大全集① ・立川談志独り会③ ・談志の落語①	・立川談志 プレミアム・ベスト落語CD-BOX第三巻 ・「東横落語会 立川談志」CDブック
100	仁義《じんぎ》はおどる	A		・立川談志・古典落語CD-BOX「談志百席」第五期
101	鈴ケ《すずが》森《もり》	B		・立川談志 プレミアム・ベスト落語CD-BOX第一巻 ・「東横落語会 立川談志」CDブック

102	ずっこけ	B	・立川談志遺言大全集③ ・立川談志独り会① ・談志の落語③	・立川談志 落語CD全集 ひとり会 第2期 ・DVD 立川談志 古典落語特選 第一集 ・CD「家元の軌跡 談志30歳」 ・NHKCD「立川談志 落語集成 1964―2004 第2集」
103	酢豆腐《すどうふ》	A		・立川談志・古典落語CD-BOX「談志百席」第三期
104	相撲風景《すもうふうけい》	C	・立川談志遺言大全集⑤ ・談志の落語⑤	・立川談志・古典落語CD-BOX「談志百席」第一期
105	清正公酒屋《せいしょうこうさかや》	A	・立川談志遺言大全集⑥ ・立川談志独り会① ・談志の落語⑥	・立川談志 落語CD全集 ひとり会 第4期
106	青竜刀権次《せいりゅうとうごんじ》	A		・立川談志・古典落語CD-BOX「談志百席」第二期 ・談志大全（上）第三巻
107	疝気《せんき》の虫《むし》	B	・立川談志遺言大全集⑤ ・立川談志独り会① ・談志の落語⑤	・立川談志 落語CD全集 ひとり会 第2期 ・立川談志～「落語のピン」セレクション～DVD-BOX vol.壱 ・談志大全（上）第一巻 ・DVD「花王名人劇場 立川談志×桂枝雀」 ・「東横落語会 立川談志」CDブック

	根多（五十音順）*1	改作度 *2	書籍 *3	CD／DVD／BD *4
108	千両《せんりょう》みかん	A		・立川談志・古典落語CD-BOX「談志百席」第五期 ・立川談志 落語CD全集 ひとり会 第3期・第5期 ・立川談志～「落語のピン」セレクション～DVD-BOX vol.弐
109	粗《そ》忽《こつ》長《なが》屋《や》	B	・立川談志遺言大全集② ・立川談志独り会② ・談志の落語② ・談志 最後の根多帳	・DVD 立川談志 古典落語特選 第五集 ・談志大全（上）第二巻 ・DVD「花王名人劇場 立川談志」 ・「東横落語会 立川談志」CDブック ・DVD+BOOK「立川談志全集 よみがえる若き日の名人芸」 ・DVD「遺芸 立川談志」
110	ぞろぞろ	B	・立川談志遺言大全集④ ・立川談志独り会① ・談志の落語④	・立川談志 落語CD全集 ひとり会 第2期・第5期 ・立川談志～「落語のピン」セレクション～DVD-BOX vol.弐 ・DVD+BOOK「立川談志全集 よみがえる若き日の名人芸」 ・NHKCD「立川談志 落語集成 1964—2004 第1集」

111	曾呂利新左衛門《そろりしんざえもん》	A		・立川談志・古典落語CD-BOX「談志百席」第二期
112	大工《だいく》調《しら》べ	B	・立川談志遺言大全集⑨ ・立川談志独り会④ ・談志の落語⑨	・立川談志 落語CD全集 ひとり会 第1期 ・DVD 立川談志ひとり会'92～'98初蔵出しプレミアム・ベスト 第六夜 ・NHKCD「立川談志 落語集成 1964―2004 第3集」 ・談志独演会―一期一会― BD-BOX（上）
113	幇間腹《たいこばら》	B	・立川談志遺言大全集④ ・立川談志独り会⑤ ・談志の落語④	・DVD 立川談志「ひとり会」落語ライブ'94～'95 第十集
114	大師《だいし》の杵《きね》	A		・立川談志・古典落語CD-BOX「談志百席」第五期
115	代書屋《だいしょや》	B	・立川談志遺言大全集⑤ ・立川談志独り会③ ・談志の落語⑤	・DVD 立川談志 古典落語特選 第二集 ・「東横落語会　立川談志」CDブック
116	たが屋《や》	B	・立川談志遺言大全集⑦ ・立川談志独り会① ・談志の落語⑦	・立川談志・古典落語CD-BOX「談志百席」第一期
117	だくだく	A		・立川談志・古典落語CD-BOX「談志百席」第三期

	根多（五十音順）[*1]	改作度[*2]	書籍[*3]	CD／DVD／BD[*4]
118	妲妃《だつき》のお百《ひゃく》	A	・立川談志遺言大全集⑧ ・談志の落語⑧	・立川談志 落語CD全集 ひとり会 第2期 ・DVD 立川談志ひとり会'92～'98初蔵出しプレミアム・ベスト 第二夜
119	たぬき	B		・立川談志 落語CD全集 ひとり会 第2期
120	狸賽《たぬさい》	B	・立川談志遺言大全集① ・立川談志独り会④ ・談志の落語①	
121	田能久《たのきゅう》	B	・立川談志遺言大全集② ・立川談志独り会⑤ ・談志の落語②	・立川談志 落語CD全集 ひとり会 第1期 ・DVD 立川談志「ひとり会」落語ライブ'94～'95 第十一集 ・NHKCD「立川談志 落語集成 1964—2004 第3集」 ・談志独演会—一期一会— BD-BOX（上）
122	煙草《たばこ》の火《ひ》	A		・立川談志・古典落語CD-BOX「談志百席」第五期
123	たらちね	A		・立川談志 落語CD全集 ひとり会 第2期

124	短命《たんめい》	B	・立川談志遺言大全集① ・立川談志独り会② ・談志の落語①	・立川談志 落語CD全集 ひとり会 第2期 ・立川談志～「落語のピン」セレクション～DVD-BOX vol.壱 ・DVD 立川談志「ひとり会」落語ライブ'94～'95 第八集 ・談志CD大全 21世紀BOX 第9集
125	千早振《ちはやふ》る	B	・立川談志遺言大全集⑦ ・談志の落語⑦	・立川談志 プレミアム・ベスト落語CD-BOX 第九巻
126	長者番付《ちょうじゃばんづけ》	A		・立川談志・古典落語CD-BOX「談志百席」第五期
127	長短《ちょうたん》	A		・立川談志・古典落語CD-BOX「談志百席」第三期
128	提灯屋《ちょうちんや》	B		・立川談志・古典落語CD-BOX「談志百席」第三期
129	町内《ちょうない》の若《わか》い衆《しゅ》	A		・立川談志・古典落語CD-BOX「談志百席」第二期
130	付《つ》き馬《うま》	A	・立川談志遺言大全集⑦ ・立川談志独り会⑤ ・談志の落語⑦	・立川談志 落語CD全集 ひとり会 第3期 ・DVD 立川談志ひとり会'92～'98初蔵出しプレミアム・ベスト 第六夜 ・CD「家元の軌跡 談志32歳」

	根多（五十音順）*1	改作度 *2	書籍 *3	CD／DVD／BD *4
131	辻八卦《つじはっけ》	A		・立川談志・古典落語CD-BOX「談志百席」第四期
132	つるつる	B	・立川談志遺言大全集⑥ ・談志の落語⑥	・DVD 立川談志「ひとり会」落語ライブ'94～'95 第九集 ・DVD 立川談志 古典落語特選 第二集 ・談志大全（上） 第九巻
133	鶴屋《つるや》善兵衛《ぜんべえ》	A		・立川談志・古典落語CD-BOX「談志百席」第一期
134	手紙《てがみ》無筆《むひつ》	A		・立川談志・古典落語CD-BOX「談志百席」第二期
135	鉄拐《てっかい》	B	・立川談志遺言大全集② ・立川談志独り会① ・談志の落語② ・談志 最後の根多帳	・立川談志 落語CD全集 ひとり会 第1期 ・DVD 立川談志「ひとり会」落語ライブ'94～'95 第八集 ・DVD＋BOOK「立川談志全集 よみがえる若き日の名人芸」

136	天災《てんさい》	B	・立川談志遺言大全集⑥ ・立川談志独り会③ ・談志の落語⑥	・立川談志 落語CD全集 ひとり会 第1期 ・DVD 立川談志「ひとり会」落語ライブ'92〜'93 第五集 ・CD「家元自薦ベスト 立川談志公式追悼盤」 ・NHKCD「立川談志 落語集成 1964—2004 第2集・第3集」
137	転失気《てんしき》	A	・立川談志遺言大全集⑨ ・立川談志独り会④ ・談志の落語⑨	・立川談志・古典落語CD-BOX「談志百席」第一期
138	道灌《どうかん》	B	・立川談志遺言大全集⑤ ・立川談志独り会④ ・談志の落語⑤	・立川談志 落語CD全集 ひとり会 第5期 ・NHKCD「立川談志 落語集成 1964—2004 第1集・第2集」
139	道具《どうぐ》屋《や》	B	・立川談志遺言大全集④ ・談志の落語④	・立川談志・古典落語CD-BOX「談志百席」第一期
140	峠《とうげ》の茶屋《ちゃや》	A		・立川談志・古典落語CD-BOX「談志百席」第四期
141	徳《とく》ちゃん	A		・立川談志・古典落語CD-BOX「談志百席」第四期

	根多（五十音順）[*1]	改作度[*2]	書籍[*3]	CD／DVD／BD[*4]
142	富久《とみきゅう》	A	・立川談志遺言大全集⑧ ・立川談志独り会① ・談志の落語⑧	・立川談志 落語CD全集 ひとり会 第5期 ・立川談志～「落語のピン」セレクション～DVD-BOXvol．壱 ・談志大全（上）第四巻 ・「東横落語会 立川談志」CDブック ・談志独演会―一期一会― BD-BOX（上）
143	長屋《ながや》の花見《はなみ》	A		・立川談志 落語CD全集 ひとり会 第1期
144	南極探検《なんきょくたんけん》（続《ぞく》・弥次郎《やじろう》）	C	・立川談志遺言大全集③ ・立川談志独り会③ ・談志の落語③	

145　二階《にかい》ぞめき　C

・立川談志遺言大全集⑨
・立川談志独り会②
・談志の落語⑨
・立川談志 プレミアム・ベスト落語CD-BOX 第八巻
・DVD 立川談志ひとり会'92～'98初蔵出しプレミアム・ベスト 第一夜
・談志大全（上）第一巻
・落語決定盤「立川談志」ベストCD
・「東横落語会 立川談志」CDブック
・談志CD大全 21世紀BOX 第5集
・DVD＋BOOK「立川談志全集 よみがえる若き日の名人芸」

146　二十四孝《にじゅうしこう》　B

・立川談志遺言大全集⑦
・立川談志独り会⑤
・談志の落語⑦
・立川談志 落語CD全集 ひとり会 第3期

147　二度目《にどめ》の清書《きよがき》　A

・立川談志・古典落語CD-BOX「談志百席」第五期

	根多（五十音順）[*1]	改作度[*2]	書籍[*3]	CD／DVD／BD[*4]
148	二《に》人《にん》旅《たび》	B	・立川談志遺言大全集⑧ ・立川談志独り会① ・談志の落語⑧ ・談志 最後の根多帳	・立川談志～「落語のピン」セレクション～DVD-BOX vol. 参 ・「東横落語会 立川談志」CDブック ・談志CD大全 21世紀BOX 第10集 ・DVD＋BOOK「立川談志全集 よみがえる若き日の名人芸」 ・NHKCD「立川談志 落語集成 1964―2004 第2集」
149	二《に》人《にん》旅《たび》～桑名《くわな》舟《ぶね》	C		・立川談志 落語CD全集 ひとり会 第4期
150	二《に》人《にん》旅《たび》～万金丹《まんきんたん》	C		・談志大全（上）第五巻
151	二《に》番煎《ばんせん》じ	A		・立川談志 落語CD全集 ひとり会 第4期

152	人情《にんじょう》八百屋《やおや》	C	・立川談志遺言大全集② ・立川談志独り会① ・談志の落語②	・立川談志 落語CD全集 ひとり会 第5期 ・立川談志～「落語のピン」セレクション～DVD-BOXvol.壱 ・DVD 立川談志ひとり会'92～'98初蔵出しプレミアム・ベスト 第一夜 ・DVD+BOOK「立川談志全集 よみがえる若き日の名人芸」 ・NHKCD「立川談志 落語集成 1964—2004 第1集」
153	猫久《ねこきゅう》	B	・立川談志遺言大全集③ ・立川談志独り会② ・談志の落語③	・立川談志 落語CD全集 ひとり会 第3期
154	猫《ねこ》の皿《さら》	A		・立川談志・古典落語CD-BOX「談志百席」第五期

根多（五十音順）*1	改作度 *2	書籍 *3	CD／DVD／BD *4
155 鼠穴《ねずみあな》	B	・立川談志遺言大全集④ ・立川談志独り会④ ・談志の落語④	・立川談志 落語CD全集 ひとり会 第1期 ・立川談志 プレミアム・ベスト落語CD-BOX 第一巻 ・立川談志～「落語のピン」セレクション～DVD-BOXvol.弐 ・笑う超人 立川談志×太田光 DVD ・談志大全（上）第八巻 ・CD「家元の軌跡 続・談志30歳」 ・談志CD大全 21世紀BOX 第7集 ・NHKCD「立川談志 落語集成 1964―2004 第2集・第3集」 ・DVD「遺芸 立川談志」
156 ねずみ小僧《こぞう》	A		・立川談志 落語CD全集 ひとり会 第4期

157
寝床《ねどこ》

A

・立川談志遺言大全集⑤
・立川談志独り会④
・談志の落語⑤

・立川談志 落語CD全集 ひとり会 第2期
・DVD 立川談志「ひとり会」落語ライブ'92〜'93 第一集
・CD「家元の軌跡 談志32歳」
「東横落語会 立川談志」CDブック
・NHKCD「立川談志 落語集成 1964—2004 第1集・第3集」

158
野晒《のざら》し

B

・立川談志遺言大全集③
・立川談志独り会②
・談志の落語③

・立川談志 落語CD全集 ひとり会 第1期・第5期
・立川談志〜「落語のピン」セレクション〜DVD-BOX vol.参
・DVD 立川談志「ひとり会」落語ライブ'94〜'95 第七集
・DVD 立川談志 古典落語特選 第四集
・CD「家元の軌跡 談志30歳」
・CD「家元の軌跡 談志32歳」
・DVD＋BOOK「立川談志全集 よみがえる若き日の名人芸」
・NHKCD「立川談志 落語集成 1964—2004 第1集」

	根多（五十音順）*1	改作度 *2	書籍 *3	CD／DVD／BD *4
159	のめる	A		・立川談志・古典落語CD-BOX「談志百席」第三期
160	羽《は》団扇《うちわ》	B	・立川談志遺言大全集④ ・立川談志独り会① ・談志の落語④	・立川談志 落語CD全集 ひとり会 第2期 ・DVD＋BOOK「立川談志全集 よみがえる若き日の名人芸」 ・NHKCD「立川談志 落語集成 1964―2004 第1集」
161	化《ば》け物使《ものつか》い	B	・立川談志遺言大全集⑨ ・立川談志独り会③ ・談志の落語⑨	・立川談志 落語CD全集 ひとり会 第3期・第5期
162	初音《はつね》の鼓《つづみ》	A		・立川談志 落語CD全集 ひとり会 第3期
163	花筏《はないかだ》	A		・立川談志・古典落語CD-BOX「談志百席」第四期
164	鼻《はな》ほしい	B		・立川談志・古典落語CD-BOX「談志百席」第三期
165	鼻《はな》ほしい〜落語《らくご》チャンチャカチャン	C〜B		・DVD 立川談志ひとり会'92〜'98 初蔵出しプレミアム・ベスト 第七夜

166	花見《はなみ》の仇討《あだう》ち	A	・立川談志遺言大全集③ ・立川談志独り会④ ・談志の落語③	・立川談志 落語CD全集 ひとり会 第2期
167	はなむけ	A		・立川談志・古典落語CD-BOX「談志百席」第五期
168	半分垢《はんぶんあか》	A		・立川談志・古典落語CD-BOX「談志百席」第三期
169	一目《ひとめ》上《あ》がり	A		・立川談志・古典落語CD-BOX「談志百席」第三期
170	雛鍔《ひなつば》	A		・立川談志・古典落語CD-BOX「談志百席」第三期
171	姫《ひめ》かたり	A	・立川談志遺言大全集⑧ ・立川談志独り会③ ・談志の落語⑧	・立川談志 落語CD全集 ひとり会 第4期
172	平林《ひらばやし》	B		・立川談志・古典落語CD-BOX「談志百席」第一期
173	不精床《ぶしょうどこ》	A		・立川談志・古典落語CD-BOX「談志百席」第一期
174	武《ぶ》助馬《すけうま》	A	・立川談志遺言大全集⑤ ・立川談志独り会③ ・談志の落語⑤	・立川談志 落語CD全集 ひとり会 第1期

	*1 根多（五十音順）	*2 改作度	*3 書籍	*4 CD／DVD／BD
175	風《ふ》呂《ろ》敷《しき》	B	・立川談志遺言大全集① ・談志の落語①	・立川談志 プレミアム・ベスト落語CD-BOX 第二巻 ・立川談志～「落語のピン」セレクション～DVD-BOX vol. 参 ・談志大全（上）第十巻
176	文七元結《ぶんしちもっとい》	B	・立川談志遺言大全集⑤ ・立川談志独り会② ・談志の落語⑤	・立川談志 落語CD全集 ひとり会 第3期 ・DVD 立川談志「ひとり会」落語ライブ'92～'93 第二集 ・談志大全（上）第二巻 ・「東横落語会 立川談志」CDブック ・談志独演会―一期一会― BD-BOX（上）

177	へっつい幽霊《ゆうれい》	B	・立川談志遺言大全集① ・立川談志独り会⑤ ・談志の落語①	・立川談志 落語CD全集 ひとり会 第1期・第5期 ・立川談志～「落語のピン」セレクション～DVD-BOX vol.参 ・談志大全（上）第六巻 ・談志CD大全 21世紀BOX 第8集 ・DVD＋BOOK「立川談志全集 よみがえる若き日の名人芸」 ・談志独演会―一期一会― BD-BOX（上）
178	庖丁《ほうちょう》	B	・立川談志遺言大全集⑥ ・立川談志独り会③ ・談志の落語⑥	・立川談志・古典落語CD-BOX「談志百席」第一期 ・談志大全（上）第一巻 ・談志CD大全 21世紀BOX 第6集
179	堀《ほり》の内《うち》	B	・立川談志遺言大全集③ ・立川談志独り会③ ・談志の落語③	・立川談志～「落語のピン」セレクション～DVD-BOX vol.参 ・DVD 立川談志「ひとり会」落語ライブ'92～'93 第二集
180	松曳《まつひ》き	C	・立川談志遺言大全集⑥ ・立川談志独り会① ・談志の落語⑥	・立川談志 プレミアム・ベスト落語CD-BOX 第十巻 ・DVD 立川談志 古典落語特選 第四集 ・「東横落語会　立川談志」CDブック

	根多（五十音順）[*1]	改作度[*2]	書籍[*3]	CD／DVD／BD[*4]
181	豆屋《まめや》	B	・立川談志遺言大全集⑥ ・立川談志独り会④ ・談志の落語⑥	・DVD「遺芸　立川談志」
182	マリリン・モンロー・ストーリー	C		
183	万金丹《まんきんたん》	A	・立川談志遺言大全集⑨ ・立川談志独り会④ ・談志の落語⑨	・立川談志　落語CD全集　ひとり会　第3期

184	饅《まん》頭《じゅう》怖《こわ》い	B	・立川談志遺言大全集⑥ ・立川談志独り会② ・談志の落語⑥	・立川談志 プレミアム・ベスト落語CD-BOX 第一巻 ・立川談志～「落語のピン」セレクション～DVD-BOX vol．弐 ・DVD 立川談志「ひとり会」落語ライブ'92～'93 第三集 ・NHKCD「立川談志 落語集成 1964―2004 第2集」 ・NHKCD「立川談志 落語集成 1964―2004 第3集」
185	万病円《まんびょうえん》	B	・立川談志遺言大全集② ・立川談志独り会⑤ ・談志の落語②	・立川談志・古典落語CD-BOX「談志百席」第一期
186	木乃伊《みいら》取《と》り	B	・立川談志遺言大全集③ ・立川談志独り会③ ・談志の落語③	・立川談志 落語CD全集 ひとり会 第3期 ・DVD 立川談志ひとり会'92～'98初蔵出しプレミアム・ベスト 第三夜 ・談志大全（上）第七巻 ・「東横落語会 立川談志」CDブック ・談志CD大全 21世紀BOX 第2集
187	三《み》方ヶ《かたが》原《はら》軍記《ぐんき》	A		・立川談志 落語CD全集 ひとり会 第1期

	根多（五十音順）[*1]	改作度[*2]	書籍[*3]	CD／DVD／BD[*4]
188	味噌蔵《みそぐら》	A		・立川談志 落語CD全集 ひとり会 第4期
189	宮戸川《みやとがわ》	A		・立川談志 落語CD全集 ひとり会 第4期 ・CD「家元の軌跡 談志32歳」
190	夫婦廓《めおとぐるわ》	C		・立川談志・古典落語CD-BOX「談志百席」第三期
191	め組《ぐみ》の喧嘩《けんか》	B		・立川談志・古典落語CD-BOX「談志百席」第三期
192	目黒《めぐろ》の秋刀魚《さんま》	A	・立川談志遺言大全集⑨ ・立川談志独り会⑤ ・談志の落語⑨	・立川談志・古典落語CD-BOX「談志百席」第一期 ・CD「家元の軌跡 談志30歳」
193	桃太郎《ももたろう》	A		・立川談志・古典落語CD-BOX「談志百席」第二期

194	やかん	B	・立川談志遺言大全集① ・談志の落語①	・立川談志 プレミアム・ベスト落語CD-BOX 第八巻 ・DVD 立川談志ひとり会'92~'98初蔵出しプレミアム・ベスト 第七夜 ・DVD 立川談志・立川談春 親子会in歌舞伎座 ・CD「家元自薦ベスト 立川談志公式追悼盤」 ・DVD+BOOK「立川談志全集 よみがえる若き日の名人芸」
195	弥《や》次《じ》郎《ろう》	A	・立川談志遺言大全集③ ・立川談志独り会③ ・談志の落語③	
196	弥《や》次《じ》郎《ろう》〜南極探検《なんきょくたんけん》	B		・DVD 立川談志ひとり会'92~'98初蔵出しプレミアム・ベスト 第四夜
197	宿屋《やどや》の仇討《あだう》ち	A		・立川談志 落語CD全集 ひとり会 第4期
198	宿屋《やどや》の富《とみ》	A	・立川談志遺言大全集⑥ ・立川談志独り会④ ・談志の落語⑥	・立川談志 落語CD全集 ひとり会 第1期

	根多（五十音順）*1	改作度 *2	書籍 *3	CD／DVD／BD *4
199	山崎屋《やまざきや》	B		・立川談志 落語CD全集 ひとり会 第4期 ・立川談志・古典落語CD-BOX「談志百席」第三期 ・談志大全（上）第六巻
200	幽女買《ゆうじょか》い	B	・立川談志遺言大全集⑦ ・立川談志独り会③ ・談志の落語⑦	・立川談志～「落語のピン」セレクション～DVD-BOX vol．弐 ・DVD 立川談志「ひとり会」落語ライブ'92～'93 第四集 ・DVD＋BOOK「立川談志全集　よみがえる若き日の名人芸」
201	夕立勘五郎《ゆうだちかんごろう》	A	・立川談志遺言大全集⑧ ・立川談志独り会⑤ ・談志の落語⑧	・立川談志・古典落語CD-BOX「談志百席」第一期
202	幽霊《ゆうれい》の遊《あそ》び	B		・立川談志・古典落語CD-BOX「談志百席」第四期
203	雪《ゆき》てん	A	・立川談志遺言大全集⑥ ・立川談志独り会② ・談志の落語⑥	

204	雪《ゆき》とん	B		・立川談志・古典落語CD-BOX「談志百席」第二期
205	夢金《ゆめきん》	A	・立川談志遺言大全集① ・立川談志独り会④ ・談志の落語①	・立川談志 落語CD全集 ひとり会 第1期 ・談志大全（上）第二巻
206	よかちょろ	B	・立川談志遺言大全集⑧ ・立川談志独り会② ・談志の落語⑧	・立川談志 落語CD全集 ひとり会 第3期 ・DVD 立川談志「ひとり会」落語ライブ'94～'95 第九集 ・「東横落語会 立川談志」CDブック ・NHKCD「立川談志 落語集成 1964―2004 第3集」
207	よかちょろ～山崎屋《やまざきや》	C		・談志大全（上）第六巻
208	淀五郎《よどごろう》	A		・立川談志 落語CD全集 ひとり会 第1期
209	夜店風景《よみせふうけい》	B	・立川談志遺言大全集① ・談志の落語①	・立川談志・古典落語CD-BOX「談志百席」第二期
210	寄《よ》り合《あ》い酒《ざけ》	A		・立川談志・古典落語CD-BOX「談志百席」第二期
211	落語《らくご》チャンチャカチャン	C	・談志 最後の根多帳	・立川談志 落語CD全集 ひとり会 第5期

	根多（五十音順）*1	改作度*2	書籍*3	CD／DVD／BD*4
212	らくだ	B	・立川談志遺言大全集⑥ ・立川談志独り会⑤ ・談志の落語⑥	・立川談志 落語CD全集 ひとり会 第1期・第4期 ・立川談志 プレミアム・ベスト落語CD-BOX 第五巻 ・DVD 立川談志「ひとり会」落語ライブ'92～'93 第四集 ・笑う超人 立川談志×太田光 DVD ・談志大全（上）第十巻 ・落語決定盤「立川談志」ベストCD ・CD「家元の軌跡 談志30歳」 ・「東横落語会 立川談志」CDブック ・談志CD大全 21世紀BOX 第3集 ・談志独演会―一期一会― BD-BOX（上）
213	六尺棒《ろくしゃくぼう》	A	・立川談志遺言大全集⑧ ・立川談志独り会② ・談志の落語⑧	・立川談志 落語CD全集 ひとり会 第2期 ・「東横落語会 立川談志」CDブック ・DVD＋BOOK「立川談志全集 よみがえる若き日の名人芸」 ・NHKCD「立川談志 落語集成 1964―2004 第2集」

214	ろくろっ首《くび》	A	・立川談志遺言大全集① ・立川談志独り会⑤ ・談志の落語①	・立川談志 落語CD全集 ひとり会 第1期
215	笑《わら》い茸《だけ》～胡椒《こしょう》の悔《く》やみ	C		・立川談志 プレミアム・ベスト落語CD-BOX 第二巻
216	ん廻《まわ》し	A		・立川談志・古典落語CD-BOX「談志百席」第三期

解説　輝き続ける談志落語

広瀬和生

本書の「まえがき」で、談志はこう書いている。

「談志《わたし》ほど落語に深く興味を持った者は、過去一人も居るまい」

ここに、彼の本質がある。

若くして天才と呼ばれ、マスコミの寵児となった立川談志。生前の彼は、知名度こそ圧倒的に高かったが、世間的には落語家というより「歯に衣着せぬ毒舌で知られる大物タレント」としての破天荒な言動ばかり注目されていた。

一方、落語界においては「師匠小さんと袂を分かち家元と名乗る異端児」という側面ばかりがクローズアップされ、その言動に対して「傲慢だ」と不快感を露わにする「アンチ談志」が、業界内にも落語ファンの間にも根強く存在していた。

だが、談志が亡くなったことで、当人の強烈なキャラクターが覆い隠していた本当の姿――「天才落語家」「不世出の評論家」「誰よりも落語を愛する男」という本質が、次第に明らかになってきたように思う。

亡くなって七年の歳月を経た今なお、衛星放送などで「談志特番」の類いが放送され、次々に発売されるCD・DVDボックスなどを入手して後追いで談志を語る若き落語ファンが増えている現実。立川談志に対する世間の関心度は、生前よりも増しているとさえ言えるだろう。

そして重要なのは、その関心が「破天荒なエピソード」よりも「談志の落語」そのものに向かっているということだ。かつては毀誉褒貶相半ばした談志だが、今となっては彼が「時代を変えた天才落語家」であることに異議を唱える者は（よほど筋金入りのアンチ談志以外は）いないだろう。

歴史上の多くの偉人がそうであるように、立川談志という落語家もまた、死後ようやくその業績を正当に評価されることになったのである。


『談志 最後の根多帳』は、「談志最後の三部作」と銘打った書き下ろしシリーズの第二弾として二〇一〇年四月に梧桐書院より刊行された。第一弾は二〇〇九年十一月刊行の『談志 最後の落語論』。『談志 最後の狂気』として予告されていた第三弾は談志没後の二〇一二年八月に『立川談志自伝 狂気ありて』というタイトルで刊行された。

この「最後の三部作」は、それまで以上に談志が「自分に正直に」書いたものだった、と僕には思える。

第一弾の『最後の落語論』は、談志が「落語とは何か」という命題に真正面から対峙した一冊で、「江戸の風」という新たなフレーズが登場したことで知られている。「業の肯定」「イリュージョン」に続く第三のキーワードの登場に戸惑った向きも少なくなかったようだが、あの本で談志は「自分はなぜ落語が好きなのか」を自らに正直に分析しようと試み、そこで行き当ったのが「江戸の風」だった。談志の言いたいことを要約すると「〝風〟が違う芸は嫌いだ」であり、その言い換えが「落語とは江戸の風が吹く中で演じる一人芸」という定義だったのだ。

落語は「業の肯定」である。これはわかりやすい。「イリュージョン」というのは少しわかりにくいが、簡単に言ってしまえば「非常識の肯定」を一歩進めた「意味のないものをこそ面白がる人間という存在の不思議さ」のことだろう。では「江戸の風」というのは何か？　これは「面白ければ何でもいいってもんじゃない」「形式を満たしているだけでは落語ではない」という談志自身の正直な感覚を「伝統に根差した〝風〟がなければ落語じゃない」と言い換え、さらにこれを「江戸の風」というキーワードとして表現したのだと僕は思っている。

そして、そうした感覚に基づいて談志自身が表現してきた「自分の落語」について、具体的に書き記したのが、この『最後の根多帳』だ。

これ以前にも談志は『新釈落語咄』という演目論の著書を出しているし、『立川談志独り会』『書いた落語』『談志の落語』といった「自分のネタを脚本化した全集」の項目ごとの解説でも演目論を展開しており、本書における個々の具体的な表現には、それらと重複する部分もあるけれども、大きく異なるのは、「落語家にとってネタとは何か」というテーマに正面から対峙していること。それは、『最後の落語論』での「落語とは何か」というテーマと対《つい》を成しているのだ。

本書の「まえがき」には、談志の「自分のネタ」に対する考え方が、あまりにもわかりやすく要約されている。「よくできた落語はそのままやる」「疑問がある落語は改作する」「自分でこしらえた噺もある」、そして今では「作品から登場人物が飛び出してくることもある」……。

それを第一章以下の本編で、より具体的に書いている、というわけだ。

第一章は「落語家にとってネタとは何か」「ネタを覚えるとはどういうことか」という一般論を書いている。一見、取りとめのない書き方をしているようで、内容は濃い。そもそも、こういうことを正面切って書く落語家は談志だけだろうし、落語家ではない評論家には到底書くことが出来ない。例を挙げていくとキリがないが、随所に「目からウロコ」な言葉が出てくる。

ちなみにこの第一章の冒頭で「ネタ数が少なくても江戸の風を吹かせていればやっていける」という表現があるが、その後で具体的に江戸の風を吹かせている現代の演者として「九代目文楽、八代目円蔵、五街道雲助」を挙げているのが実に興味深い。この具体例を読んで、『最後の落語論』で言う「江戸の風」の意味がハッキリわかった気がした。

第二章では冒頭で自分のネタを「A：先人の形や内容をそのまま残してやっているもの」「B：形や内容を一部直したもの」「C：小咄や講談から作った落語」に分け、BとCについて個別に言及している。

ここでは、それぞれの噺を「どのように変えたか」という具体的な種明かしが興味深いのはもちろんだが、それ以上に談志が「この落語をどう捉えているか」が浮き彫りになっているのが面白い。改訂点を列挙した「資料」ではなく、「演目論」になっているのである。

たとえば『らくだ』では、「円歌からサゲをもらった」という種明かしがあったりするが、それよりも主として「オリジナルのキャラクターとしての屑屋」について熱心に書いていて、談志がこの噺を「屑屋の心情」にスポットを当てて演じていたことがよくわかる。

実は、談志はらくだの兄貴分を「丁の目の半次」としているが、落語界の「先人たち」は誰もこの名で演《や》っていない。歌舞伎や映画などでは「手斧目《ちょうなめ》半次」となっているから、そこにルーツがあると思うのだが、「なぜ丁の目の半次にしたのか」に談志は過去一度も触れたことがなく、この『最後の根多帳』でも言及していない。こうした「語らなかった改訂」はおそらく談志にとって「些末なこと」(=本質的ではないこと)なのだろう。

熱心な談志ファンにとって最も興味深いのが、第三章かもしれない。あれだけネタ数の多かった談志が、意外にあの噺もこの噺も演ってなかったのはなぜなのか。その「演らない理由」がズラリと列挙されているのである。何かのきっかけでこうした話題に触れていたこともないわけではないが、こうやって系統立てて網羅したのは、もちろん初めてだ。人気演目を「嫌い」とバッサリ切り捨てているのも談志らしいし、「手が回らなかった」という表現が幾度も出てくるのも、正直でいい。『強情灸』は「腕が細いので見た目が良くない」から演らない、というのは聞いてみなければわからないものだ。

第四章は、演目のセレクトがすべてを雄弁に物語っている。晩年の談志が「これが俺の落語だ！」と最終的に選んだ作品が『粗忽長屋』『鉄拐』『居残り佐平次』『芝浜』『二人旅』である、というのは長年談志を追いかけ続けてきたファンとして、心から納得である。

そして『落語チャンチャカチャン』。「これは私の発想で他に類がない」と自ら述べているとおりなのだが、これは『最後の落語論』にも出てきた「落語はフレーズだ」という理論の具体的な形であり、「これを面白いと思えるかどうかが『落語をわかってる』かどうかなのだ」というメッセージでもある。これぞ究極のイリュージョン落語、と僕は解釈している。

巻末の二百十六演目に及ぶ「最後の根多帳」（読める本・聴けるCD・観られるDVD一覧）も非常に便利で役に立つ。二〇一〇年の刊行時にもリスト自体はあったが、それ以降の八年間で数多くの談志の音源・映像が新たに商品化されており、実はその「新たな商品化」こそがお宝の山だったりする。今回の文庫版ではそれらがしっかりと追加されているのが嬉しい。

僕は本書を二〇一〇年四月十三日に新宿・紀伊國屋ホールで開かれた出版記念落語

会の会場で購入した。『最後の落語論』購入者の中から抽選で当たった人間だけが参加できる「立川流落語会」で、トリで出演した談志はイリュージョン編『やかん』を導入部として『首提灯』を演った。当時すでに体調が著しく悪化していた談志は、前年八月の「J亭談笑落語会」にゲスト出演したのを最後に長期休養に入っており、この日が、僕が観た八ヵ月ぶりの談志の高座だった。声は掠れて痛々しかったが、落語の切れ味に衰えはなかった。本書を読み返すと、当時のことを思い出す。

最後に談志のナマの落語を観たのは、その出版記念落語会から十一ヵ月後の二〇一一年三月六日。談志にとって、それが生前最後の高座だった。

「誰よりも深く落語を愛し、落語と格闘し続けた男」立川談志。嬉しいことに、彼は多くの著書を、音源を、映像を残してくれた。それらは色褪せることなく、永遠に輝き続けている。

＊本書は、差別表現として今日では好ましくないとされる、職業に関する、また身体障害に関する用語を使用しています。しかし、古典落語という演芸の価値と性質、著者の独自性と故人であることを鑑み、一部、削除や訂正は行いませんでした。（編集部）

＊本書は二〇一〇年、梧桐書院より刊行された。

ちくま文庫

談志《だんし》 最後《さいご》の根多帳《ねたちょう》

二〇一八年十二月十日 第一刷発行

著 者 立川談志（たてかわ・だんし）

発行者 喜入冬子

発行所 株式会社 筑摩書房
東京都台東区蔵前二―五―三 〒一一一―八七五五
電話番号 〇三―五六八七―二六〇一（代表）

装幀者 安野光雅

印刷所 三松堂印刷株式会社

製本所 三松堂印刷株式会社

ISBN978-4-480-43558-3 C0176